なぜ？がわかると、よく育つ

畑と野菜づくりの しくみとコツ

監修
川城英夫

家の光協会

はじめに

近年、世界中の野菜が次々と紹介され、家庭菜園でもさまざまな野菜が作られるようになってきました。栽培するからには、上手に育て、おいしいものをたくさん収穫したいものです。そのためには、栽培の基本を学ぶことが早道です。

本書では、菜園計画の立て方に始まり、畑づくりから収穫までの栽培の基本を、わかりやすく解説しました。栽培のノウハウだけではなく、なぜそうするのか、畑づくりや野菜の生育のしくみも説明しています。

果菜類では、着果負担による草勢の低下によって、よい果実がとれなくなったり、株の寿命が短くなったりします。この着果負担がどのようなしくみで起きるのか、さらには、土づくり、整枝や摘葉、摘果などの作業が着果負担の軽減につながることを、その理由とともに説明しています。

こうしたことがわかれば、たとえば野菜の草勢が低下してきたとき、いままでの作業を振り返ることで、どこに問題があったのか、推測できるようになります。

それだけではありません。畑と野菜づくりのしくみを知ると、新鮮な驚きや気づきが得られ、長年、家庭菜園を楽しんできた方でも、野菜を見る目が変わることでしょう。野菜の声なきこえを聴くことができるようになれば、栽培技術の腕が上がるにちがいありません。

野菜にはビタミン、ミネラルや機能性成分が豊富に含まれており、「人の寿命は、食べた野菜の量に比例する」といわれることがあるほどです。畑で体を動かし、とれたての野菜を食べることができる家庭菜園は、超高齢化社会を迎えたわが国で、健康寿命を延ばす大きな力になるはずです。子どもたちといっしょに作業すれば、食育、情操教育にもなり、家族の会話もはずむことでしょう。世界情勢が不安定化するなか、食料自給率38％と先進国中で最低の日本にあって、自給の手段にもなります。

本書が家庭菜園の腕を上げ、おいしいものをたくさん収穫したい方の役に少しでもたてば幸いです。

２０２３年２月　川城英夫

野菜づくりは「なぜ」を知れば、「なに」をすればいいかがわかる

本書に書かれている内容は、野菜づくりのプロである農家向けの技術を家庭菜園向けにアレンジしたものです。初心者はもちろん、家庭菜園の上級者にも役立つ内容が詰まっています。

野菜づくりでは、土づくりから始まり、種まきや植えつけ、追肥、整枝など、収穫するまでにさまざまな作業をおこないます。さらには、雑草や病害虫、暑さや寒さなどにも気を配る必要があります。

この本では具体的な作業の方法や対処法はもちろん、なぜこの作業が必要なのか、なぜこのようにするのかといった「なぜ?」まで深掘りします。「なぜ?」がわかれば、なにかトラブルが起きたときに、解決策を探ることができるようになるのです。

野菜づくり初心者の方が最初に読む本としてはもちろん、ベテランの方も読み返すことで行き詰まったときのヒントになります。

野菜づくりの基本の流れ（夏の果菜類の場合）

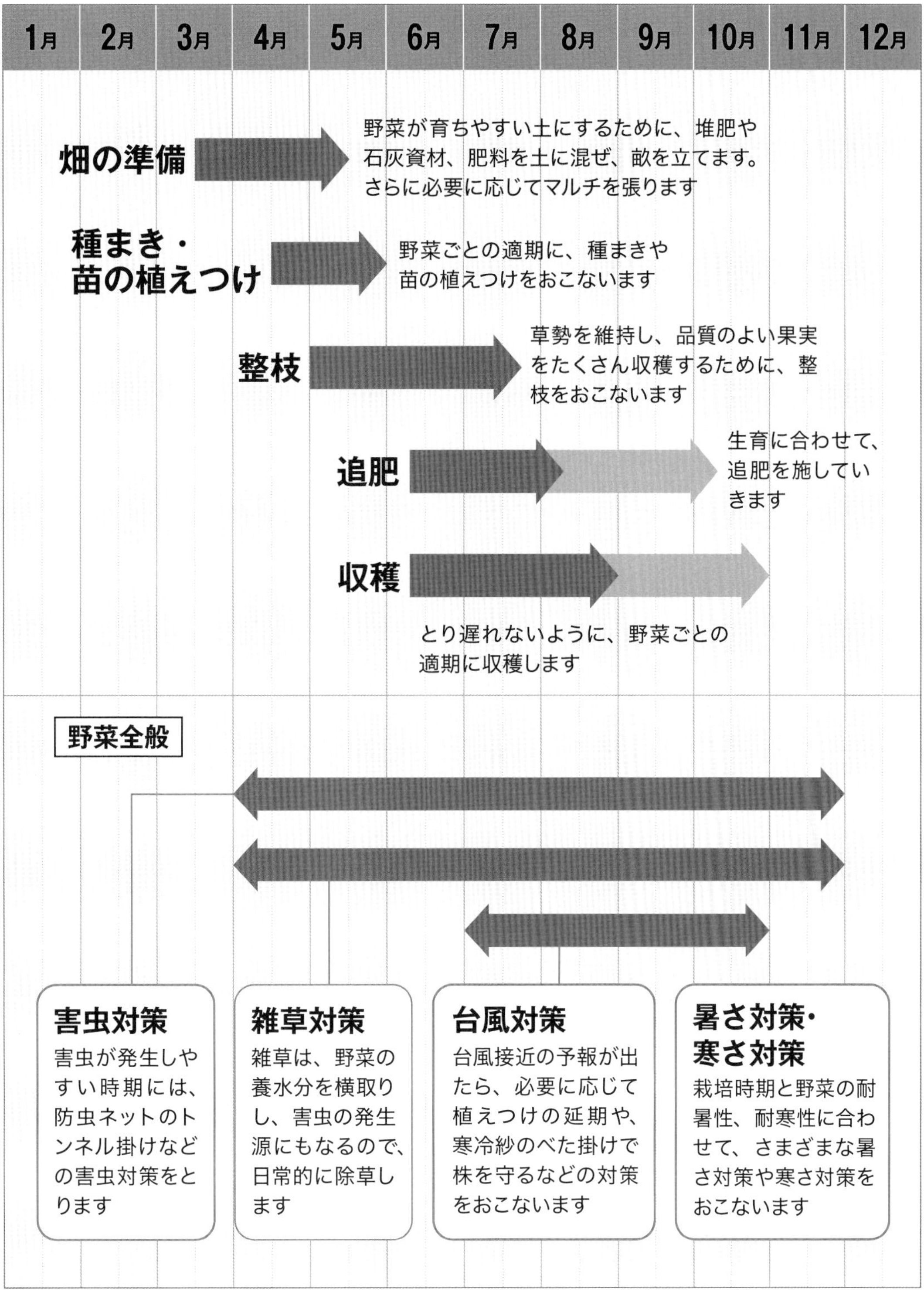
1月
2月
3月
4月
5月
6月
7月
8月
9月
10月
11月
12月
畑の準備
野菜が育ちやすい土にするために、堆肥や石灰資材、肥料を土に混ぜ、畝を立てます。さらに必要に応じてマルチを張ります
種まき・苗の植えつけ
野菜ごとの適期に、種まきや苗の植えつけをおこないます
整枝
草勢を維持し、品質のよい果実をたくさん収穫するために、整枝をおこないます
追肥
生育に合わせて、追肥を施していきます
収穫
とり遅れないように、野菜ごとの適期に収穫します
野菜全般
害虫対策
害虫が発生しやすい時期には、防虫ネットのトンネル掛けなどの害虫対策をとります
雑草対策
雑草は、野菜の養水分を横取りし、害虫の発生源にもなるので、日常的に除草します
台風対策
台風接近の予報が出たら、必要に応じて植えつけの延期や、寒冷紗のべた掛けで株を守るなどの対策をおこないます
暑さ対策・寒さ対策
栽培時期と野菜の耐暑性、耐寒性に合わせて、さまざまな暑さ対策や寒さ対策をおこないます

※本書の内容は、基本的に温暖地を基準としています。それ以外の地域では、作業の時期などが変わってくることがあります。

目次

第1章 種まき、植えつけ前の準備をしよう

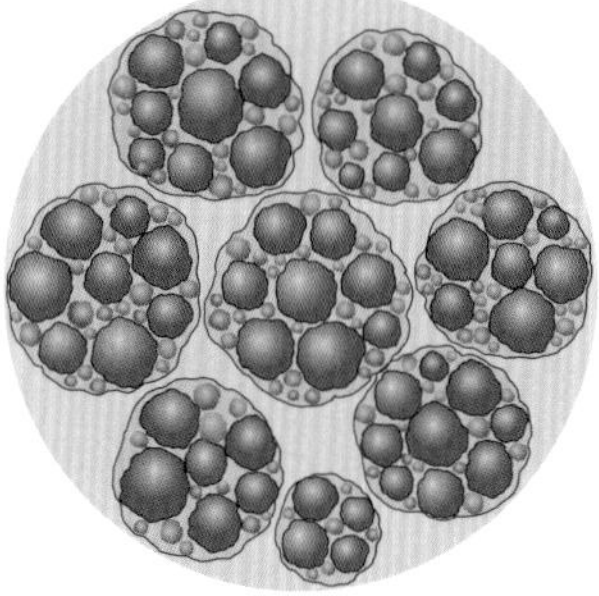

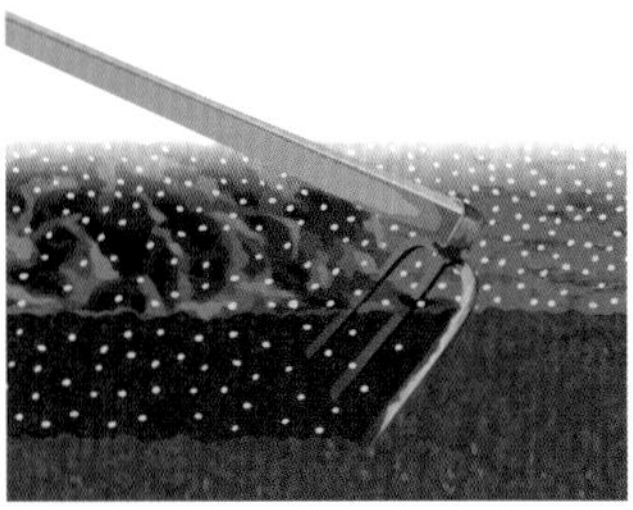

第2章 元気な野菜を育てるために

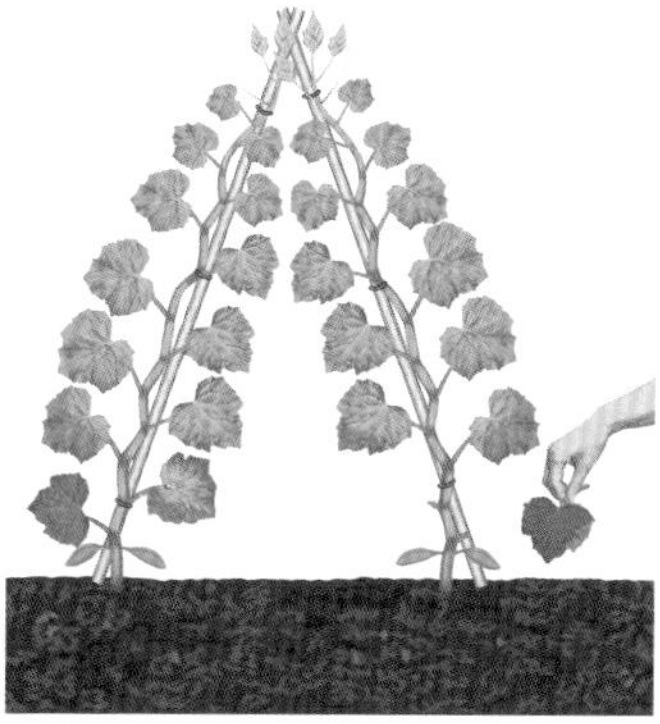

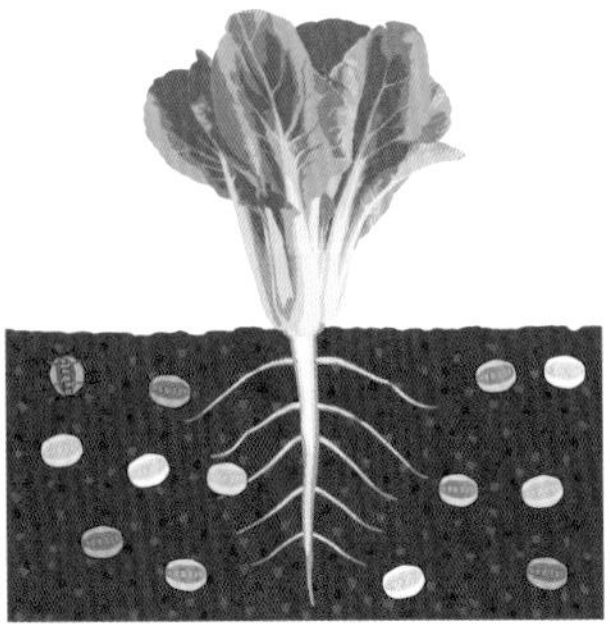

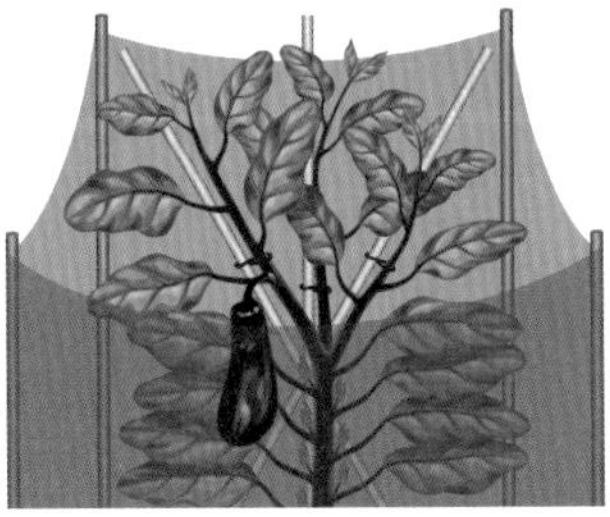

第1章

種まき、植えつけ前の準備をしよう

栽培が簡単な野菜と難しい野菜は？

収穫までの期間と難易度

野菜づくりの難易度は、収穫までの日数に大きく左右されます。いちばんやさしいのは、芽が出ればすぐに収穫できるスプラウト。次は芽が出たあと、しばらく育てれば収穫できるホウレンソウやコマツナなどの軟弱野菜です。そして、根を太らせる必要があるダイコンやニンジンなどの根菜類。軟弱野菜と同じ葉菜類でも栽培日数が長く、結球させなければならないキャベツやハクサイと、難易度が上がっていきます。

栽培期間が長くなればなるほど、適切な時期に適切な量の追肥を施す施肥管理が難しくなります。さらに、病気や害虫の被害に遭う機会も多くなります。

育てやすいのはこんな野菜

栽培時期	分類	初級	中級	上級
春まき夏秋どり	葉菜類	ホウレンソウ、コマツナ、モロヘイヤ、チンゲンサイ、パセリ、シソ	キャベツ、レタス、ネギ	
	根菜類	ラディッシュ、小カブ、ジャガイモ	サツマイモ、ダイコン、ニンジン、サトイモ、ショウガ、短根ゴボウ	ナガイモ、長根ゴボウ
	果菜類	インゲン、エダマメ、オクラ、ゴーヤー、トウモロコシ	ナス、ピーマン、シシトウ、トウガラシ、キュウリ、ミニトマト、カボチャ、ズッキーニ、小玉スイカ	大玉トマト、大玉スイカ、メロン
夏秋まき秋冬どり	葉菜類	ホウレンソウ、コマツナ、チンゲンサイ、ミズナ、シュンギク、ナバナ	キャベツ、ハクサイ、ブロッコリー、レタス、カリフラワー、タマネギ*	
	根菜類	ラディッシュ、小カブ、ビーツ	ダイコン、ニンジン	
	果菜類	ソラマメ*、サヤエンドウ*	イチゴ*	

注）難易度は各分類ごとの相対的なものを示したもの
＊越冬野菜で、収穫は翌年の春～初夏になる

果菜類には着果負担がかかる

いちばん栽培が難しいのが、トマトやナスなどの果菜類です。栽培日数が長いうえに開花・結実させ、果実を太らせなければなりません。これは株にとってひじょうに大きな負担で、「着果負担」といわれます。

同じ果菜類でも、野菜によって育てやすさが違います。トマトやスイカなど完熟果を収穫する野菜は、完熟させるまでに多量の養分が必要なため、キュウリやナスなど未熟果を収穫する野菜に比べて着果負担が大きく、栽培が難しくなります。また、同じトマトやスイカでも、大玉よりもミニや小玉のほうが養分の必要量が少ないため、着果負担が小さく、栽培も容易です。

もちろん、育てやすい野菜を育てるのもよいのですが、せっかく野菜を作るのですから、多少難しくても、食べたい野菜、作ってみたい野菜、とりたてがおいしい野菜に挑戦してみてはいかがでしょうか。

家庭菜園で作ってみたい野菜

選ぶポイント	野菜名
たくさん使う重要野菜	キャベツ、ブロッコリー、ハクサイ、レタス、キュウリ、ジャガイモ、ダイコン、タマネギ、トマト、ニンジン、ネギなど
店頭にはなかなか並ばない珍しい野菜	コールラビ、ハヤトウリ、トレビス、アーティチョーク、フェンネル、スイゼンジナ、在来種の野菜など
とりたての新鮮な味を楽しみたい野菜	エダマメ、インゲン、ソラマメ、サヤエンドウ、カブ、トウモロコシ、ナス、ホウレンソウ、コマツナ、ナバナなど
狭い面積で簡単に作れる野菜	シソ、バジル、パセリ、ルッコラ、アサツキ、芽ネギ、ミツバ、ニラなど
話題の健康野菜	サラダケール、赤ダイコン、ビーツ、ルバーブ、カーボロネロなど

野菜づくりの**ワザ**

着果負担がかかるとなぜ難しい?

野菜は、光合成によってつくられた養分（同化産物）によって、生育していますが、果実がつくと、この養分の多くが果実の肥大に使われ、根や新芽に回らずに草勢が低下していきます。これが「着果負担」です。そのため、適切に管理しないと、果実が十分に肥大しないことや、枯死することも。病害虫の被害にも遭いやすくなります。

最初にそろえたい道具

土を耕して、苗を植えて、野菜が大きくなったら整枝して……と、野菜づくりの作業は多岐にわたります。作業内容に合った道具をそろえておくことで、効率よく作業できます。

畑を耕す道具

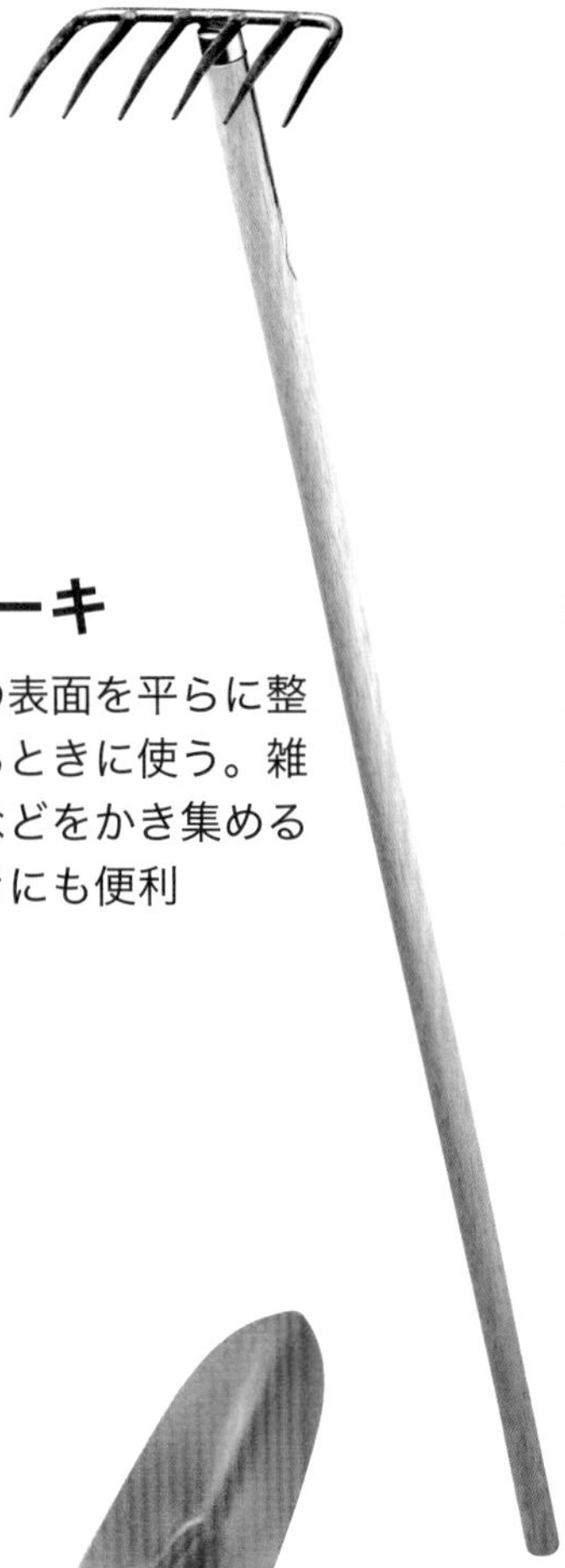

レーキ

土の表面を平らに整えるときに使う。雑草などをかき集めるときにも便利

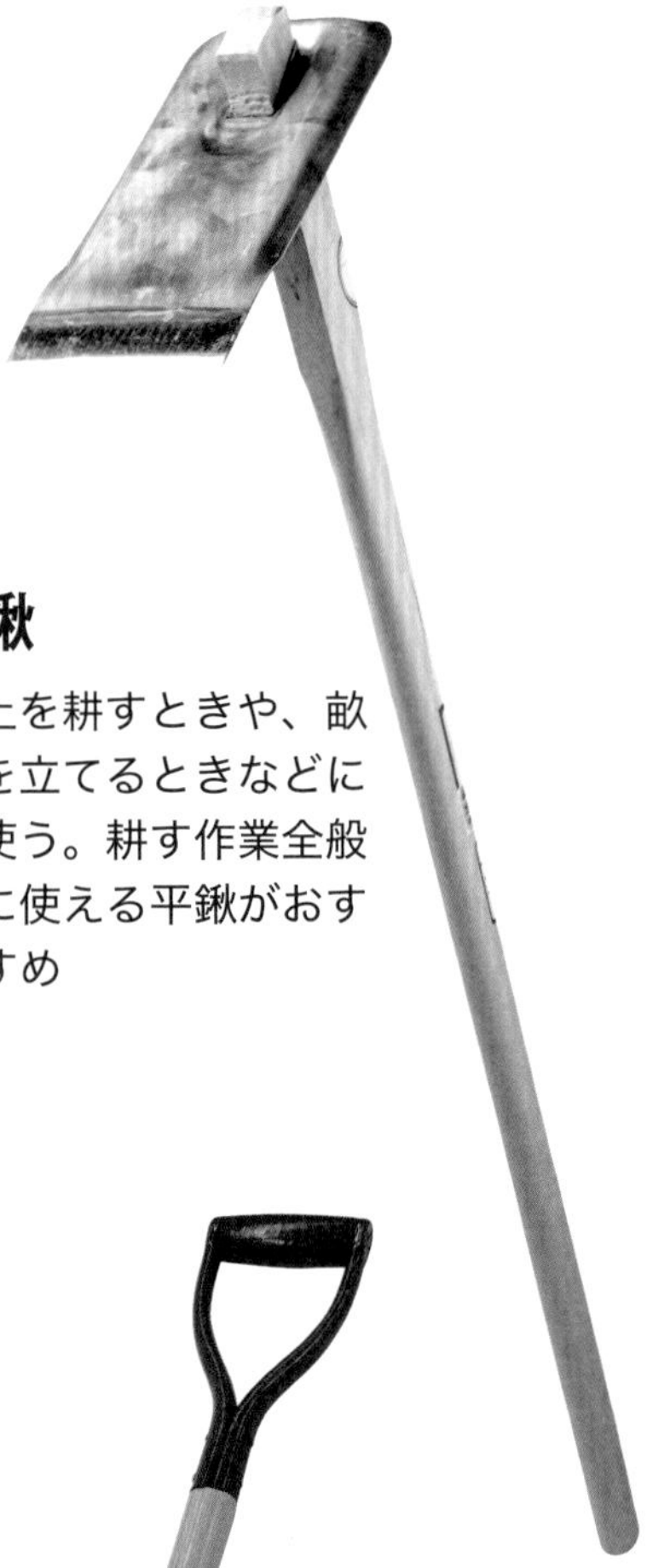

鍬

土を耕すときや、畝を立てるときなどに使う。耕す作業全般に使える平鍬がおすすめ

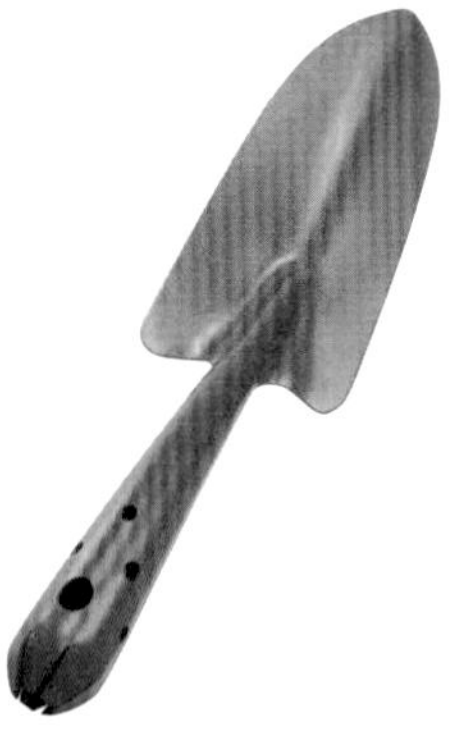

移植ゴテ

苗を植えつけるときに植え穴を掘ったり、育苗用のポットに土を入れたりするときに使う

スコップ

土を掘り起こしたり、耕したりするときに使う。先がとがっている剣型のものがよい。刃先がまっすぐな四角いタイプは、土を運ぶときに使う

それ以外の道具

支柱

野菜を支えるだけでなく、畝立ての位置を決めるときや、あんどん囲いにも使う

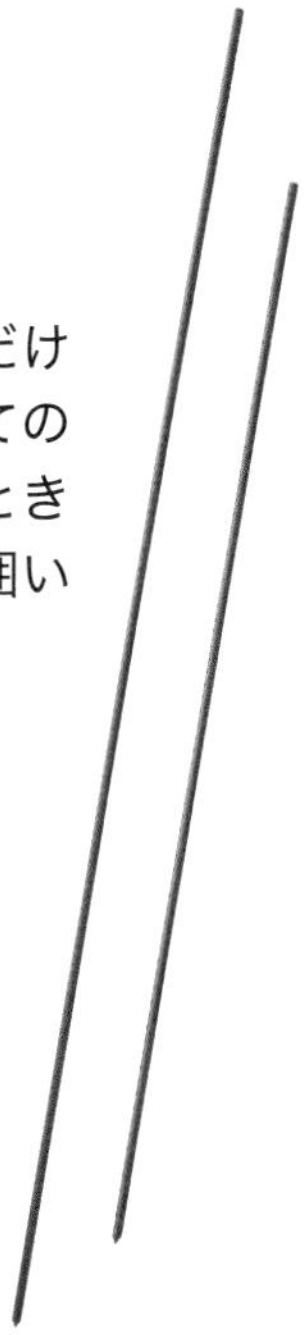

バケツ

石灰資材や肥料などをまくときにあると便利。家庭菜園なら、容量5～6ℓ 程度のものでよい

メジャー

畝の幅や株間、条間などを測るときに使う。スチール製のテープ（ものさし）が巻かれ、ケースに収納されているタイプ（コンベックス）が便利

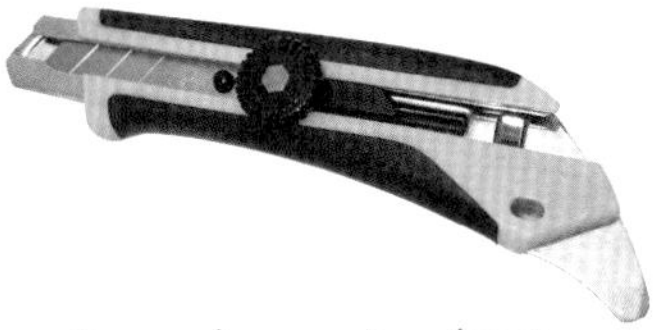

カッターナイフ

マルチフィルムを切ったり、マルチフィルムに植え穴をあけたりするときに使う

はさみ

摘芯や剪定、収穫のときなどに使う

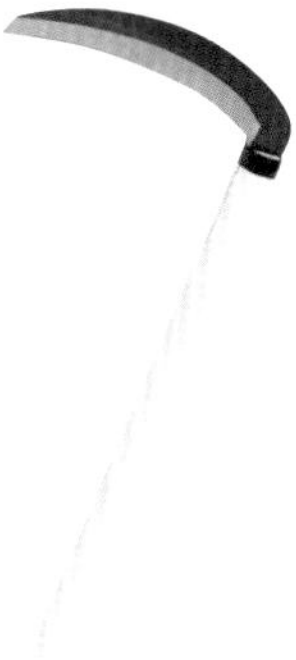

三角ホーか鎌

除草するときに使う。三角ホーなら立ったまま作業できる。狭いスペースなら鎌でもよい。いずれも株元への土寄せや中耕にも使える

ひも

畝を立てる位置を決めたり、種をまく線を示したりするときに使用。撚《よ》りのかかったポリエチレン製のロープが使いやすい

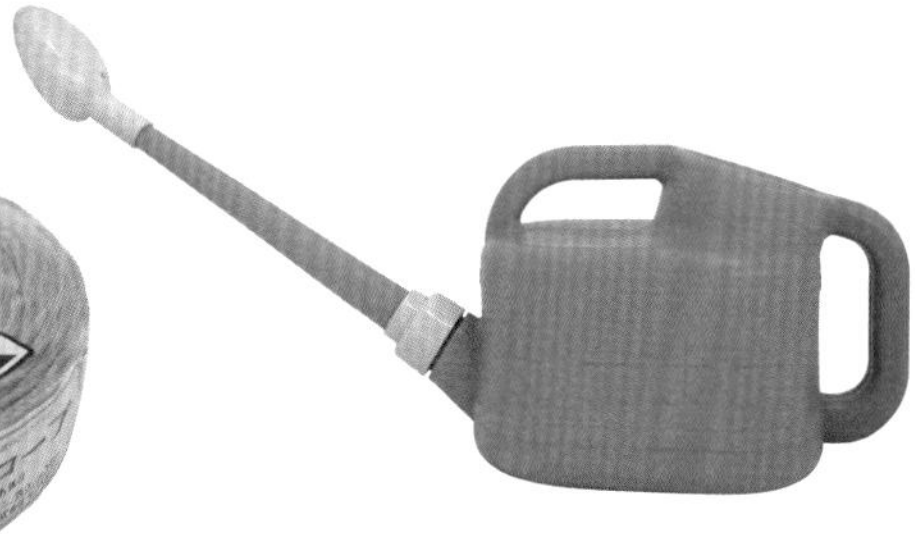

ジョウロ

水やりや液体肥料を施すときに使う。大きいほうが便利だが、水を入れると重くなるので、持ち運びできるサイズを選ぶ

作付け計画の立て方

野菜づくりをするときは、1年分の作付け計画を立てましょう。あらかじめ、いつ、どこに、何を植えるかを決めておけば、連作障害の原因になる連作を避けることができます（88ページ）。また、畑を効率的に使うことができて、植えつけなどの作業も適期におこなえます。

計画を立てるときは、まず、春～夏作と秋～冬作に分けて、作りたい野菜をピックアップ。これを科ごとに分けていきましょう。次に、畑をいくつかに分けて、連作にならないよう、春～夏作、秋～冬作で、科を割り振っていきます。

最後に、野菜の特性（株張り、草丈、光の要求度など）や、栽培期間を考慮して、区分けの中のどこに植えるか決めていきます。

1 作りたい野菜をリストにする

科名のほか、いつからいつまで畑を使うかも書き出しておく。
下の表は一例。

	野菜名	科名	畑を使う期間
春～夏	エダマメ	マメ科	4／中～7／中
	つるありインゲン	マメ科	4／中～7／下
	トウモロコシ	イネ科	4／中～7／中
	キュウリ	ウリ科	5／上～8／中
	ゴーヤー	ウリ科	5／中～8／下
	スイカ	ウリ科	5／上～8／下
	トマト	ナス科	5／上～8／中
	ナス	ナス科	5／上～8／中
	ピーマン	ナス科	5／上～8／中
	シシトウ	ナス科	5／上～8／中
	ショウガ	ショウガ科	4／中～8／中（葉ショウガ）もしくは11／上
	サツマイモ	ヒルガオ科	5／中～9／上（早掘り）もしくは11／上
	サトイモ	サトイモ科	4／上～9／上（早生）もしくは11／上
秋～冬	ニンジン	セリ科	7／下もしくは8／中～1／下
	シュンギク	キク科	9／中～12／下
	レタス	キク科	9／中～12／上
	ミズナ	アブラナ科	9／中～2／下
	ナバナ	アブラナ科	9／中～3／中
	小カブ	アブラナ科	9／中～12／中
	ダイコン	アブラナ科	8／下もしくは9／中～12／中
	ハクサイ	アブラナ科	9／中～1／下
	キャベツ	アブラナ科	9／上～1／下
	カリフラワー	アブラナ科	9／上～1／下
	ブロッコリー	アブラナ科	9／上～2／中
	タマネギ	ヒガンバナ科	11／中～5／上もしくは6／上
	ソラマメ	マメ科	10／中もしくは11／上～5／下
	サヤエンドウ	マメ科	10／下もしくは11／上～5／下

2 畑に野菜を割り振っていく

毎年1区画ずつ作る野菜をずらしていくことを前提に、畑をいくつかに区分けする。連作にならないように考えて、区画ごとに科を割り振る。この例では、アブラナ科も1年あいだがあく。栽培期間や草丈なども考慮する。

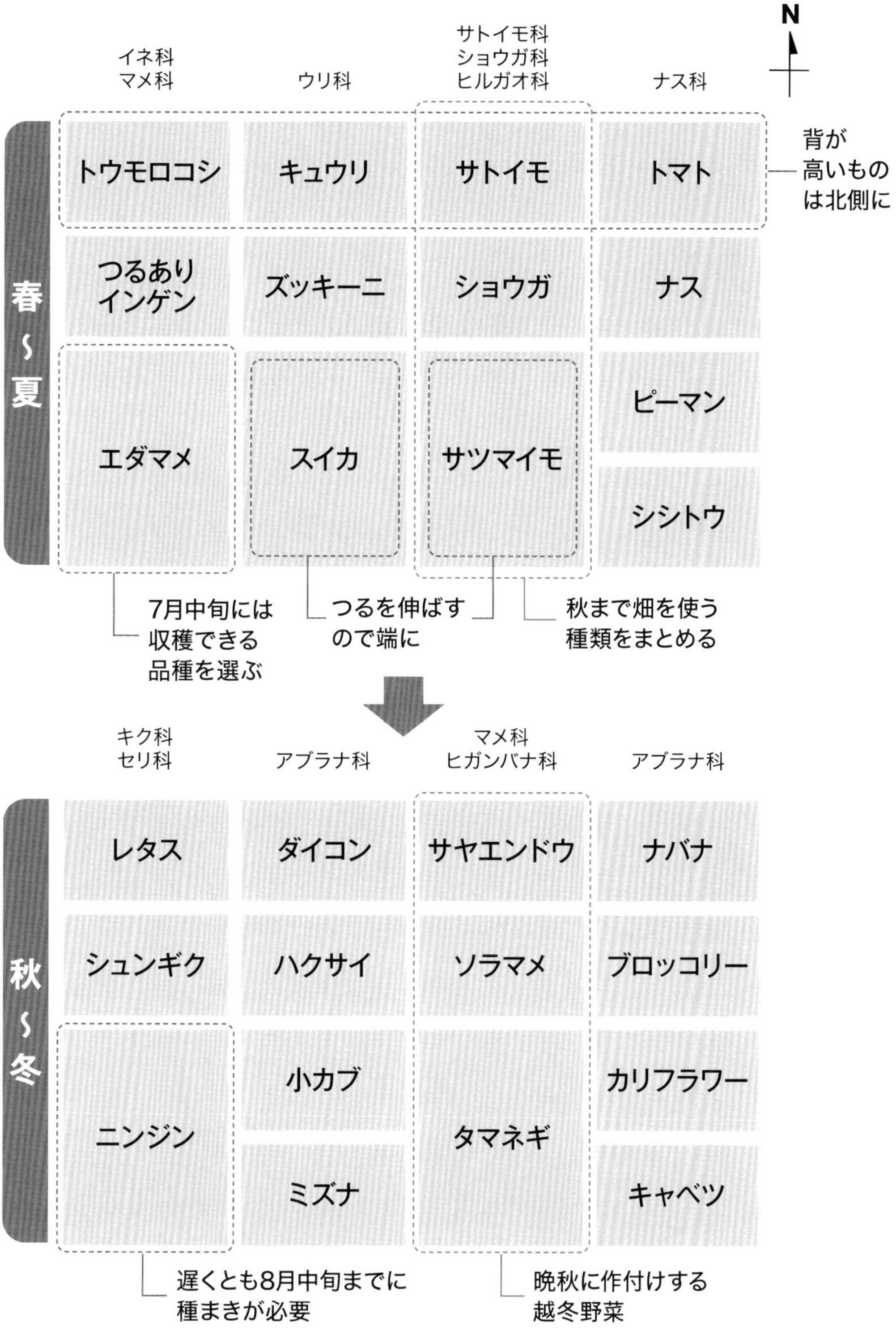
N
イネ科
マメ科
ウリ科
サトイモ科
ショウガ科
ヒルガオ科
ナス科
春～夏
トウモロコシ
キュウリ
サトイモ
トマト
背が高いものは北側に
つるあり
インゲン
ズッキーニ
ショウガ
ナス
ピーマン
エダマメ
スイカ
サツマイモ
シシトウ
7月中旬には収穫できる品種を選ぶ
つるを伸ばすので端に
秋まで畑を使う種類をまとめる
キク科
セリ科
アブラナ科
マメ科
ヒガンバナ科
アブラナ科
秋～冬
レタス
ダイコン
サヤエンドウ
ナバナ
シュンギク
ハクサイ
ソラマメ
ブロッコリー
小カブ
カリフラワー
ニンジン
タマネギ
ミズナ
キャベツ
遅くとも8月中旬までに種まきが必要
晩秋に作付けする越冬野菜

野菜づくりに適したよい土とは？

植物の根は土の中に伸び広がって養水分を吸収し、茎葉や花、果実の生育を支えています。重要なこの根が「健全に育つ土」がよい土であり、3つの条件があります。

水はけと水もち、通気性がよい

植物は水がなければ生育できませんが、土の中につねに水がたまっている状態もよくありません。根が呼吸できず、根腐れします。大雨が降っても、1日もすれば水が引き、しばらく雨が降らなくても土の中に水を蓄えていられる、そんな土が野菜にとってのよい土です。これを実現するのが「団粒構造の土」です。

団粒構造の土は、大きさの異なる粘土や砂の粒がくっついて団粒になり、その団粒がさらに大きな団粒を形成しています。大小の隙間がたくさんあり、ふかふかです。小さな隙間には水が保持され、大きな隙間を空気や水が通るため、水はけがよく、水もちもよいという、一見相反する性質をあわせもっています。

保肥力があり土のpHが適切

土に肥料分を蓄える力があり、野菜が必要とするときに供給できれば、肥料切れも、肥料の施しすぎによって肥料濃度が高くなり、根が傷む「肥焼け」も起きにくくなります。肥料分は、土の中の腐植*や粘土に吸着されるとともに、隙間にも蓄えられます。

土のpH（酸性、アルカリ性の度合いを表す数値）が適切であることもたいせつです。野菜の生育には、pH5.5～6.5の弱酸性～微酸性の土が適しています（詳しくは24ページ）。

多様な生物がすんでいる

土の中に多種多様な微生物や小動物が生息していることも重要です。

土壌微生物の中には、有機物を分解して、土の団粒化や保肥力の源になる腐植を作りだすものなど、植物の役に立つものがあります。その一方で、根に感染して病気を引き起こす病原菌のように植物に害をもたらすものもいます。生物の多様性が保たれていれば、お互いに影響し合うことでバランスがとれ、野菜の害になる特定の生物だけが極端に殖えることがなくなります。

＊腐植　動植物の死骸や堆肥などの有機物が、土壌微生物の働きによって分解されて残った物質

よい土の 3つの条件

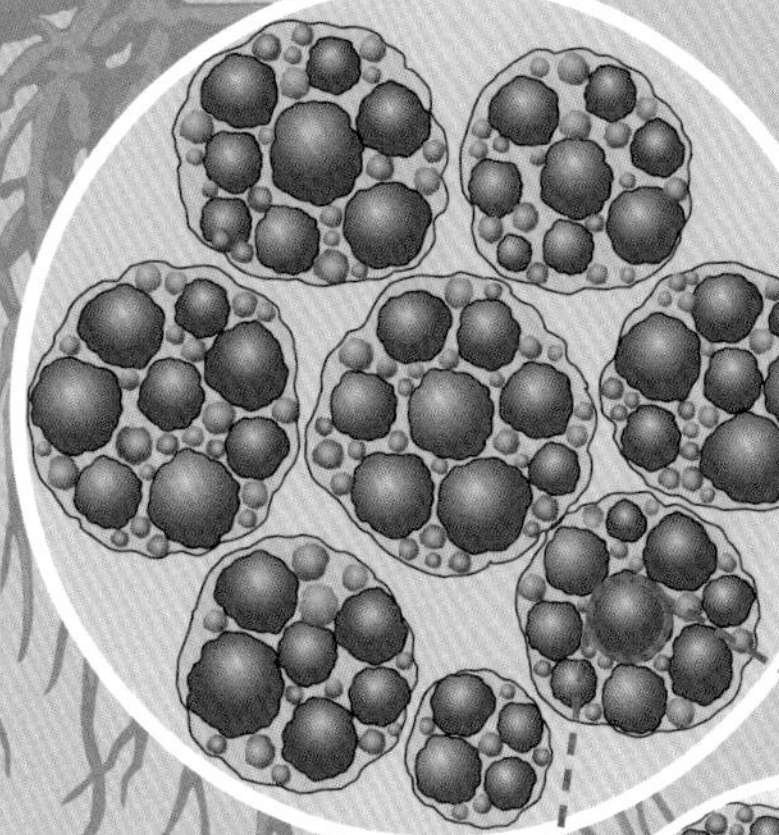

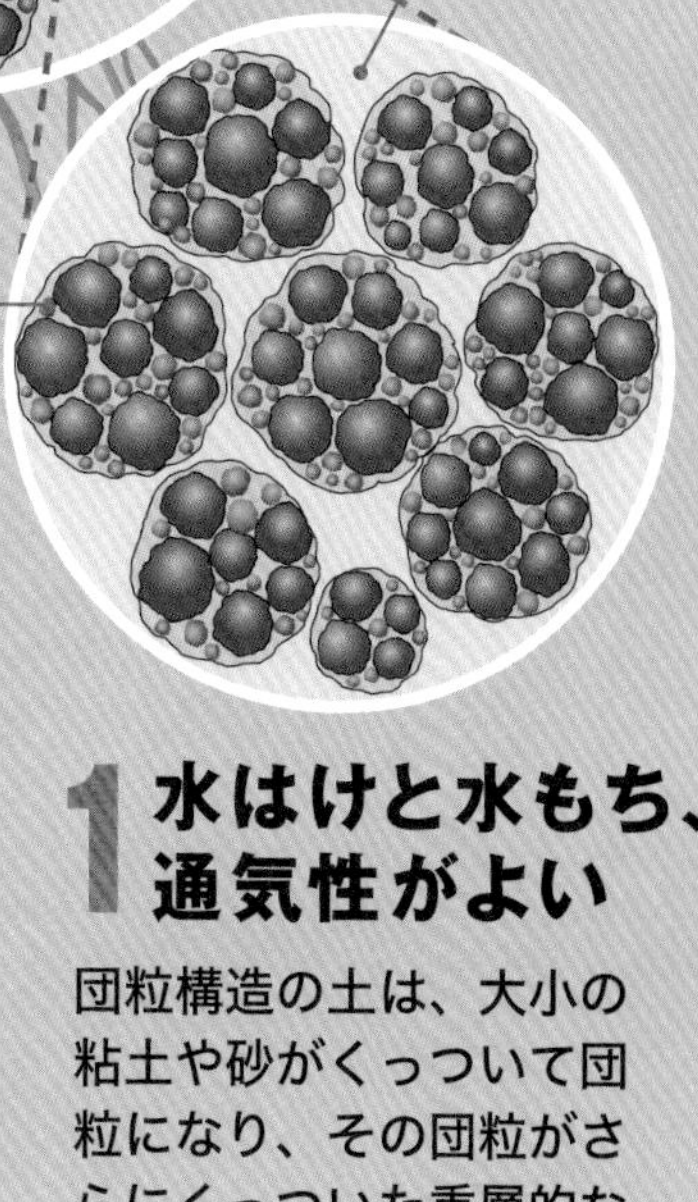
大きな隙間を
空気や水が通る
小さな隙間には
水が保持される

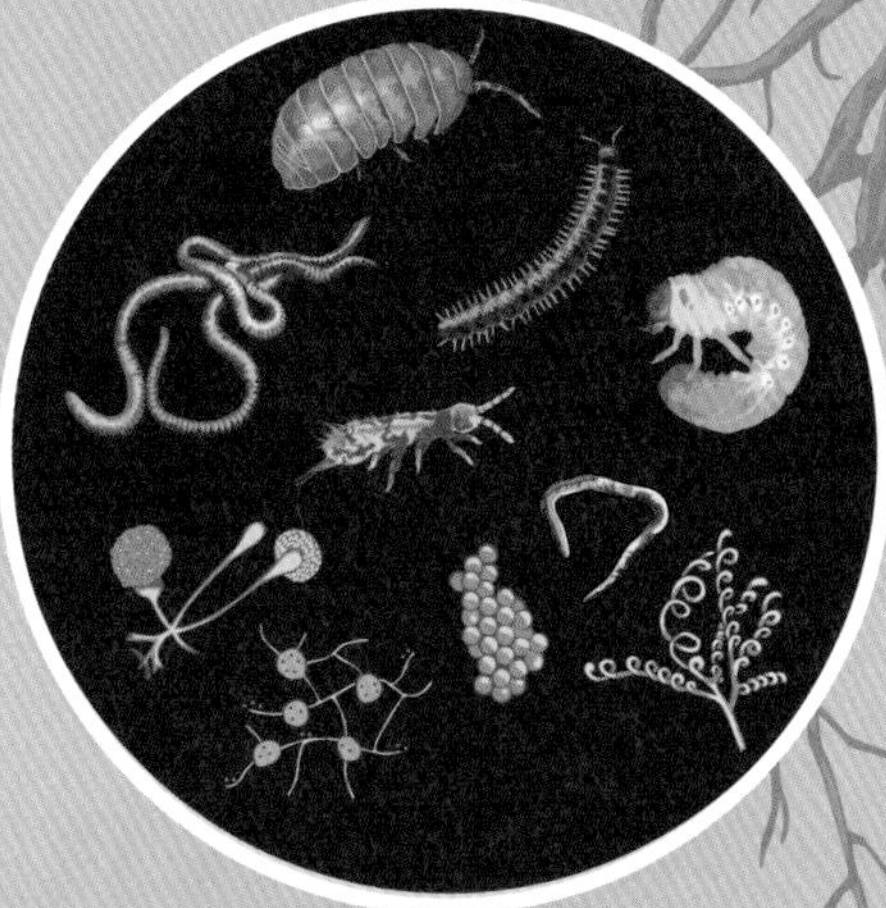

3 多様な生物がすんでいる

土の中に生物の餌となる有機物が豊富にあり、環境が多様であれば、小動物から微生物までいろいろな生物が生息できる。お互いに影響し合うことでバランスがとれ、病原菌や悪玉センチュウなどが異常増殖しにくくなる

1 水はけと水もち、通気性がよい

団粒構造の土は、大小の粘土や砂がくっついて団粒になり、その団粒がさらにくっついた重層的な構造になっている

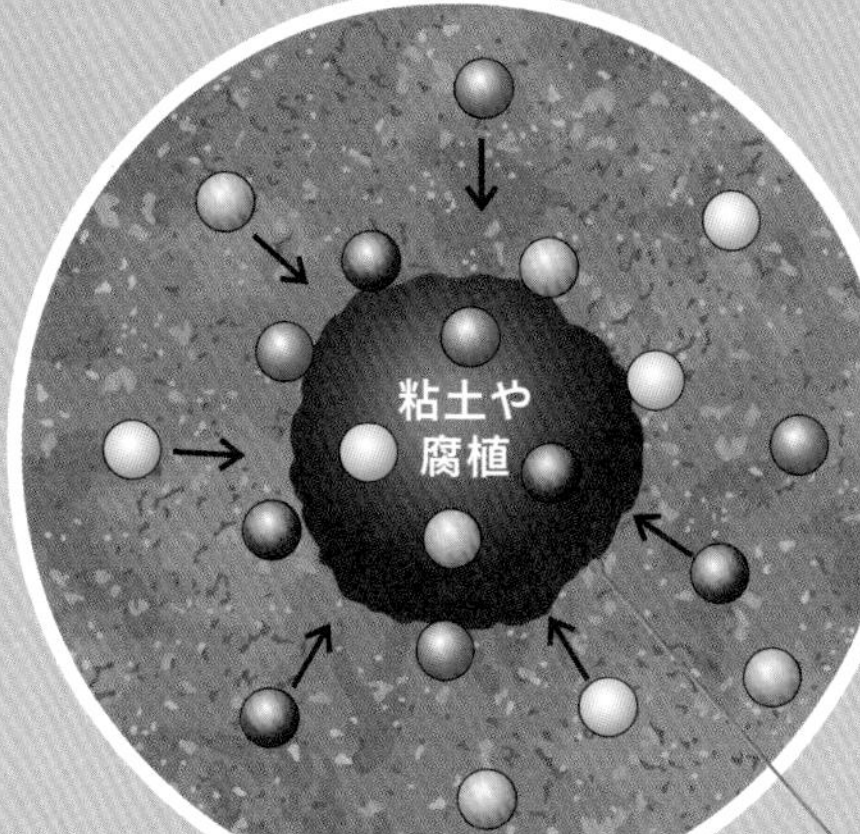
粘土や
腐植
表面がマイナスを
帯びている
アンモニア（NH_4）
カリウム（K）
カルシウム（Ca）
マグネシウム（Mg）
プラスを帯びている

2 保肥力があり、土のpHが適切

水に溶けたアンモニア（窒素）などの肥料分は、電気的な力で粘土や腐植の表面に吸着され、保持される。粘土や腐植が多い土ほど保肥力が高い。土のpHについては24ページ参照

土の状態はどうやって調べるのか

自分の畑の土が野菜づくりに適した土なのか、一度調べておくとよいでしょう。調べたいのは、次の４つの項目です。

❶ **砂と粘土の割合**　土は、おもに砂と粘土からできており、その割合によって３つに分けられます。水はけや肥料の効き方に影響します。

❷ **土のpH**　土のpHとは、酸性とアルカリ性の度合いを表す数値です。野菜の生育に適しているのは弱酸性〜微酸性の土で、酸性やアルカリ性に傾くと生育が悪くなります。

❸ **作土層の深さ**　作土層とはふだんから耕されていて、野菜の根が楽に張れる部分のことです。

❹ **腐植の量**　腐植には、土を団粒化したり、保肥力を高めたりする効果があります。

チェック 1　砂と粘土の割合

畑からひと握りの土を取り、少量の水を加えて混ぜ、ぎゅっと握り締めてから手を開く。

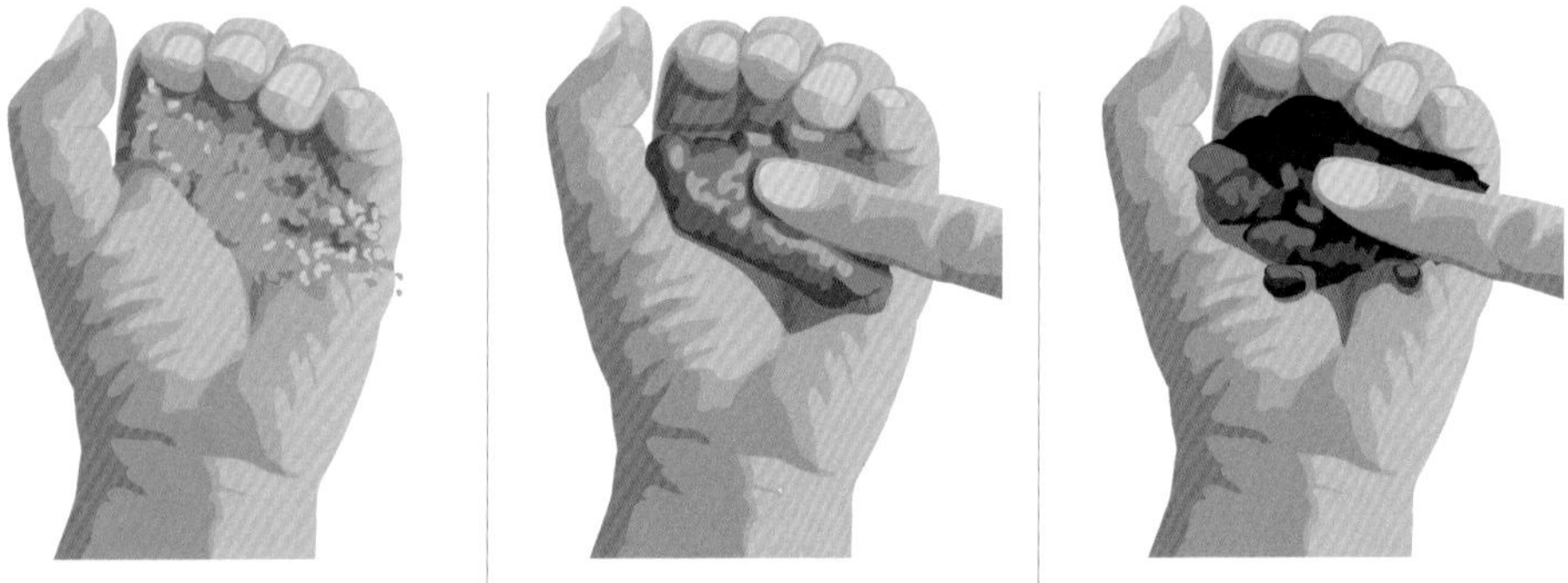

塊にならずに崩れる
↓
砂質土
水はけはよいが水もちが悪く、乾燥害を受けやすい。保肥力が低く、雨で肥料が流れやすい

塊になり、指で押しても崩れない
↓
粘質土
水はけ、通気性が悪く、大雨による湿害を受けやすい。保肥力は高いが、土が硬く、根菜類には不向き

↓
堆肥の長期的な投入によって土の状態を改善していく

塊になり、指でかるく押すと崩れる
↓
壌質土
水はけと水もちがよく、土がやわらかい。根菜類をはじめ、野菜全般の栽培に向いている
↓
定期的に堆肥を投入して、よい状態を維持する

チェック2 土のpH

測定液を使った測定法を紹介。ほかに専用メーターなどでも測れる。

●測り方

畑の四隅から土を採取し、土の倍量（容積比）の水を入れたコップに加えて、よく混ぜる

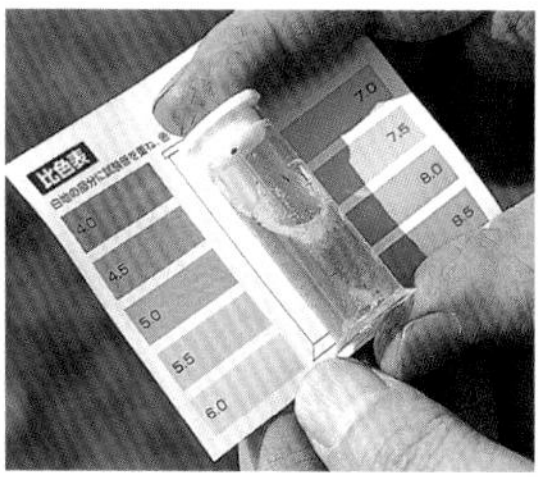

上澄み液を容器に取り、試薬を加えてよく振る。カラーチャートと見比べて、pHを判定する

pH5.5～6.5

↓

○ 野菜の生育に適している

pH5.0未満

↓

✕ 酸性に傾いていて、野菜の生育に適さない

↓

石灰資材を施して調整する（26ページ）

チェック3 作土層の深さ

先がとがった鉛筆ほどの太さの棒を差し込んで調べる。

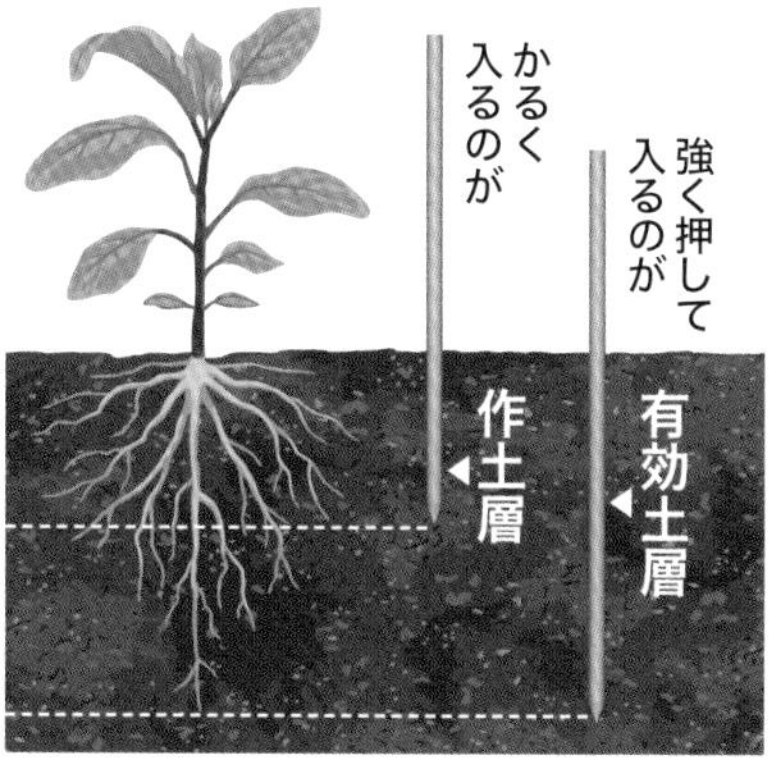
かるく入るのが
強く押して入るのが
作土層
有効土層

作土層が20cm以上
有効土層が60cm以上

野菜づくりに適していて、ダイコンなどの根菜類もうまくできる

作土層が20cm以下

20cm以上の深さまで耕す。作土層の下に礫層などがあり、耕せない場合は高畝にする

野菜づくりの
ワザ

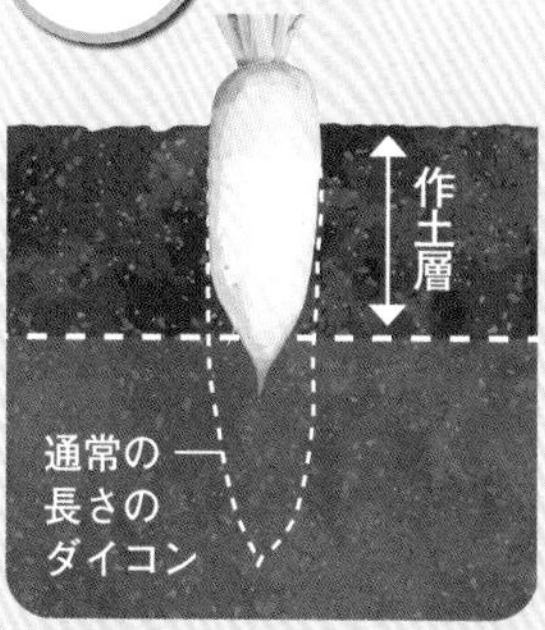
作土層
通常の長さのダイコン

作土層の深さはダイコンでもわかる

通常の長さがあり、先端まできれいな形をしたダイコンができるなら、作土層の深さは十分。通常よりも短く、先がとがっている場合は、作土層の深さが足りません。

チェック4 腐植の量

色と手触りから判断する。

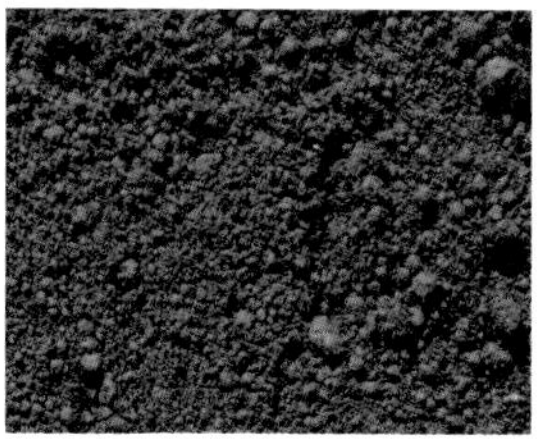

濃い黒色で、ふかふかしている土は腐植が多い。野菜づくりに適している

黄褐色や灰色で硬く、ぱさついている土は腐植が少ない。意識して堆肥を施す

土づくりに欠かせない堆肥

堆肥の原料は、植物性や動物性の有機物です。生のまま土に入れると、発酵熱やガスが発生して植物の根を傷めるので、植物に害が出ない状態まで発酵させています。土づくりには欠かせない堆肥。どのような効果があるのか、みていきましょう。

土がふかふかになる

堆肥は土に比べて軽く、とりわけ植物性堆肥は、内部に多くの隙間をもつ繊維分を含んでいます。そのため、堆肥を土に入れるだけで土がふかふかになります。

さらに、堆肥を土に入れると、有機物が増え、これを餌に土壌微生物も殖えます。その結果、土壌微生物が有機物を分解したあとに残る腐植や、土壌微生物が出す粘液や菌糸な

堆肥の効果

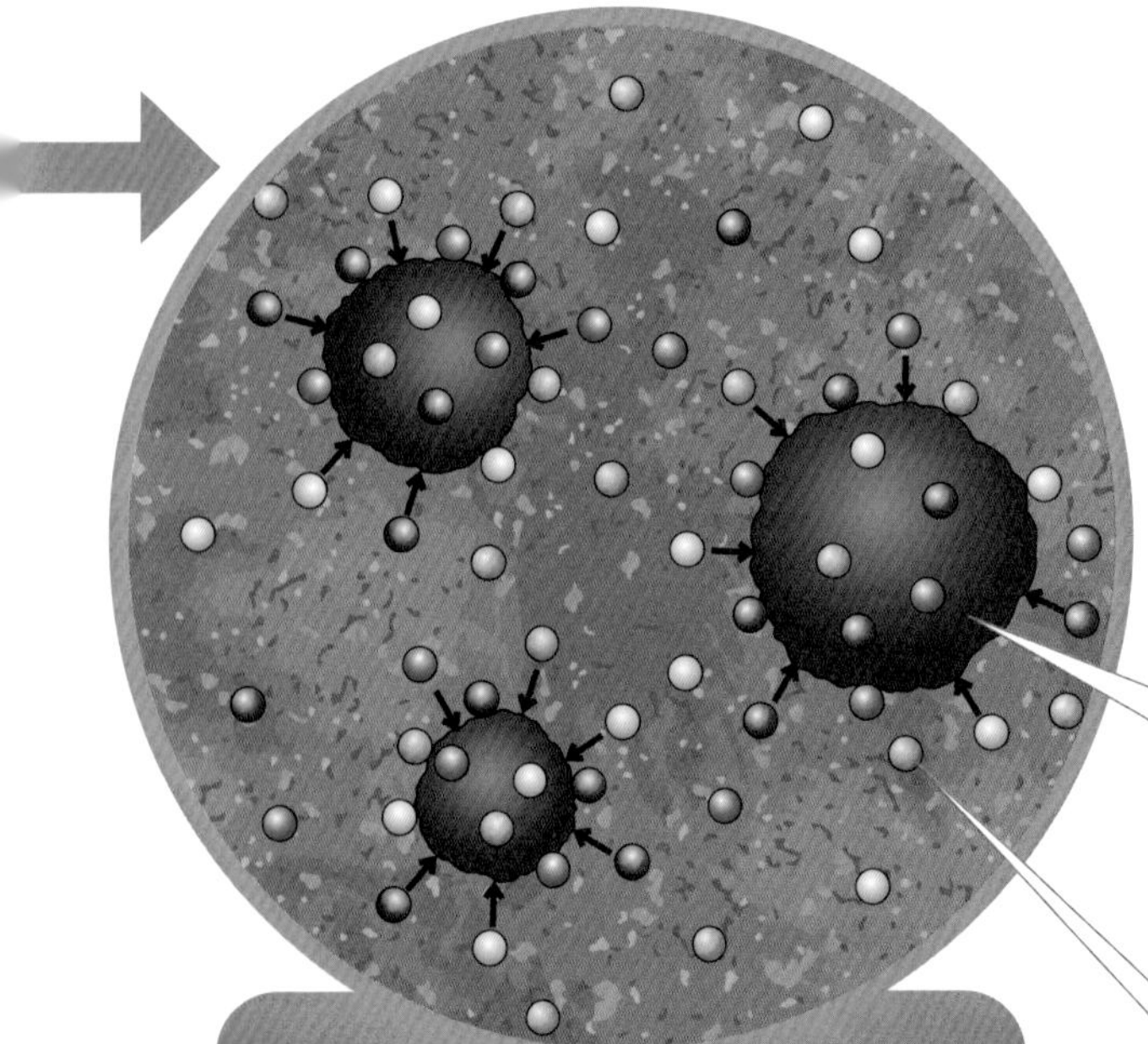

保肥力が高くなる

腐植には、水に溶けたアンモニア（窒素）や、カルシウムなどの肥料分を吸着する力があるため、腐植が増えれば保肥力が高くなる

養分を供給

おもに堆肥から供給される微量要素に加え、肥料の三要素である窒素、リン酸、カリも供給する

ども増えます。これらが糊の役割をして土の粒をくっつけ、土が団粒化します。そのため、ふかふかで、水はけと水もち、通気性がよい団粒構造の土になっていきます。

保肥力が高くなり養分も供給する

腐植には、アンモニア（窒素）や、カルシウム、マグネシウムなどの肥料分を引きつける力があるため、保肥力も高くなります。

また、堆肥自体にも窒素、リン酸、カリなどの肥料分が含まれています。とくに、必要量は少ないものの植物の生育に欠かせない微量要素に関しては、堆肥が重要な供給源です。

土の中の生物相が豊かになる

堆肥によって殖えるのは土壌微生物の数だけではありません。小動物も含め、種類も増えるため、土の中の多様性が増します。その結果、特定の病原菌や害虫だけが殖えることが少なくなります。

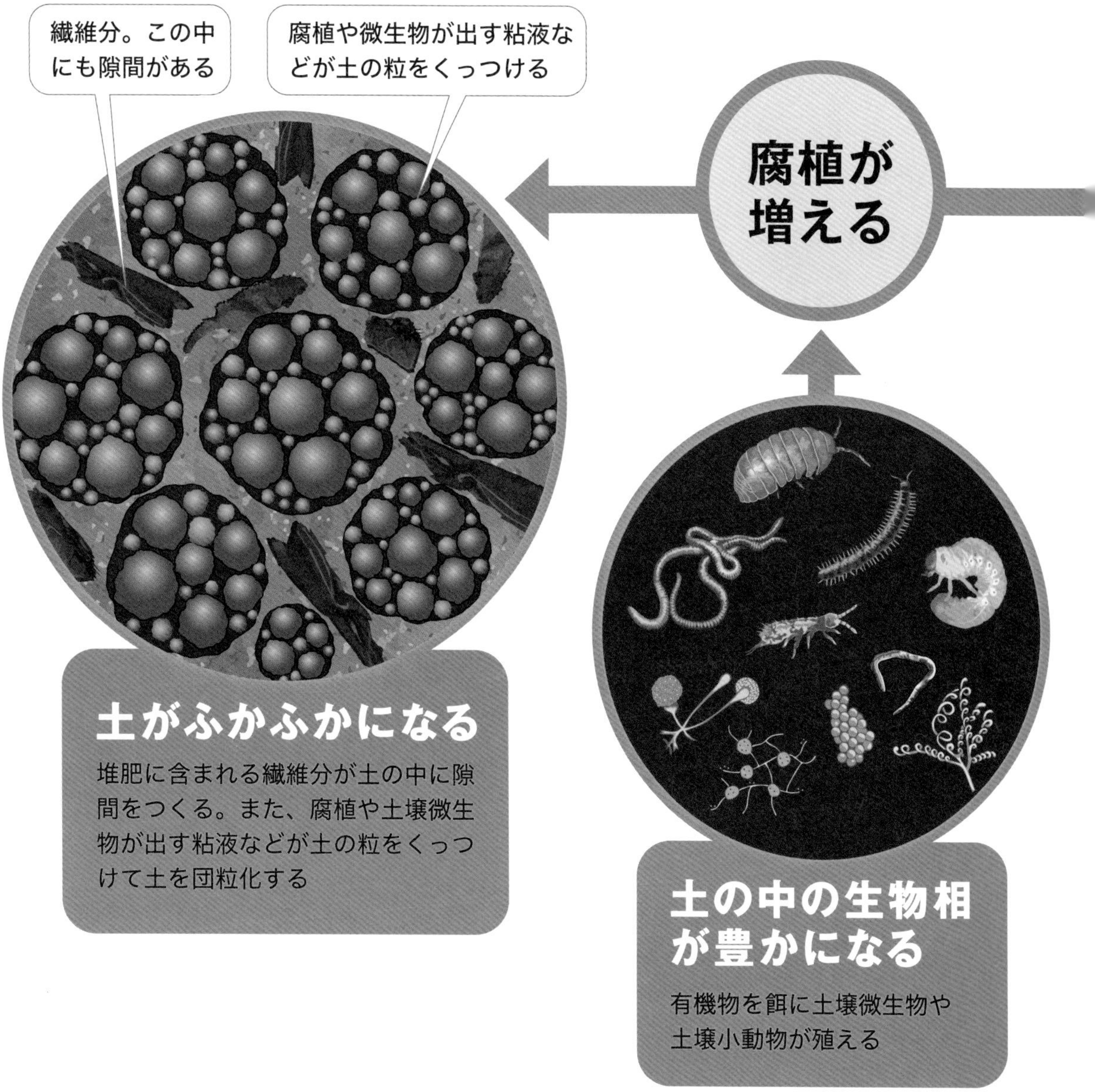

繊維分。この中にも隙間がある
腐植や微生物が出す粘液などが土の粒をくっつける
腐植が増える
土がふかふかになる
堆肥に含まれる繊維分が土の中に隙間をつくる。また、腐植や土壌微生物が出す粘液などが土の粒をくっつけて土を団粒化する
土の中の生物相が豊かになる
有機物を餌に土壌微生物や土壌小動物が殖える

堆肥はどう使い分けるのか

植物性堆肥と動物性堆肥

堆肥には、「植物性堆肥」と「動物性堆肥」があり、それぞれに特徴があります。

植物性堆肥の原料は、落ち葉や樹皮などです。繊維分を多く含んでいるため、土をふかふかにする土づくり効果に優れています。

一方の動物性堆肥の原料は、牛ふんや豚ぷん、鶏《けい》ふんなどの家畜ふんです。ふん由来の肥料分が含まれているため、肥料効果があります。しかし、動物性堆肥に土づくり効果がないわけではありません。原料となる家畜ふんの種類と、混ぜられている副資材（水分調整のために加えられた敷きわらやおがくずなど）の量によって、土づくり効果と肥料効果

堆肥の種類と特徴

高い
低い
土づくり効果
高い
肥料効果
植物性堆肥
動物性堆肥
バーク堆肥
樹皮に鶏ふんや尿素などを加えて発酵。繊維分を多く含み、樹皮が多孔質なので、通気性、水はけのよいふかふかの土にする効果が高い。分解がゆっくり進むため、効果が長続きする
落ち葉堆肥
落葉広葉樹の落ち葉に、発酵促進のための米ぬかなどを加えて発酵。土をふかふかにする効果が高い。米ぬかなどを加えず、落ち葉だけを時間をかけて発酵させたものが本来の「腐葉土」
牛ふん堆肥
牛ふんを堆積・発酵。飼料は乾草などが主体のため繊維分を含む。動物性堆肥としては窒素が少ないので、どのような作物にも使える。敷きわらなどが多く混ざっているものほど、土づくり効果が高い
豚ぷん堆肥
豚ぷんを堆積・発酵。牛ふんよりも多くの窒素を含むが、副資材の量が多ければ肥料分は少なくなる。過繁茂しやすいサツマイモには向かない
発酵鶏ふん*
鶏ふんを堆積・発酵。窒素、リン酸、石灰などの含有量が多い。窒素が多いと過繁茂するサツマイモ、トマト、スイカなどには向かない。土の中での分解が早く、速効性の化成肥料並みの肥効がある

＊発酵鶏ふん　堆積・発酵させているため、堆肥に分類されるが、肥料分が多く、速効性のため有機質肥料としても用いられる

の両方を備えているものから、ほぼ肥料とみなすほうがよいものまであります。

主な堆肥の特徴は、右下の表のとおりです。土の状態に合わせて、使い分けるとよいでしょう。

作付けの1週間〜1か月前に施す

堆肥は一般に、作付けの1か月前に施します。これは、堆肥が未熟だった場合、発酵熱やガスが発生して、野菜の根を傷めるおそれがあるためです。堆肥が完熟であるなら、作付けの1～2週間前に施しても問題ありません。ただし、根菜類は、また根*の発生を避けるため、完熟堆肥であっても1か月前に施します。堆肥の施用は、土がほどよく乾いているときに畑全面にまき、20～30cmの深さまで耕して混ぜ込みます。

発酵鶏ふん以外の施用量は、年間で示されています。栽培する野菜の生育期間や、作付け回数を考慮してあんぶんして施しましょう。

堆肥の使い分け

問題がない土を維持する

壌質土の維持

↓

牛ふん堆肥

有機物が不足しないよう、土づくり効果と肥料効果のバランスがよい牛ふん堆肥を定期的に投入して、土に含まれる腐植の量を維持する

問題がある土を改善する

堆肥を年単位で投入し続けることで、少しずつ土の状態が改善されていく

粘質土の改善

↓

バーク堆肥

バーク堆肥に含まれる繊維分が土の中に隙間をつくり、水はけと通気性を改善。土の団粒化も徐々に進む。土壌が改善されるまでは、高畝や排水溝で水はけの改善を図る

砂質土の改善

↓

腐葉土 ＋ **豚ぷん堆肥**

腐葉土に多く含まれる腐植が少しずつ土を団粒化し、保肥力も高めていく。肥料効果が高い豚ぷん堆肥で、流亡しやすい肥料分を補う

施用する堆肥量の目安

植物性堆肥	年間 2 ～ 3 kg/㎡
牛ふん堆肥	年間 1 ～ 2 kg/㎡
豚ぷん堆肥	年間 0.5 ～ 1.5 kg/㎡
発酵鶏ふん	1作当たり 0.2 ～ 0.5 kg/㎡

＊また根　根菜類の根がまっすぐに育たず、枝分かれして肥大したもの

生育を左右する土のpH

養分の溶け出しやすさは土のpHで変わる

堆肥と同じように、土づくりに用いられる石灰資材、なぜ施す必要があるのでしょうか。

前述のとおり（19ページ）、野菜の生育に適しているのは、pH5.5〜6.5の弱酸性〜微酸性の土です。野菜は、土の中の養分を根から吸収することで生育しますが、吸収できるのは、水に溶け出した養分です。ところが、この養分の水への溶け出しやすさは土のpHによって変わります。野菜の生育に必要な各要素が溶け出しやすく、バランスよく吸収できるのがpH5.5〜6.5であり、多くの野菜がよく育つというわけです。

pH5.0以下では、ほとんどの要素が

主な野菜に適した土壌pH

多くの野菜はpH5.5〜6.5の弱酸性~微酸性でよく育つ

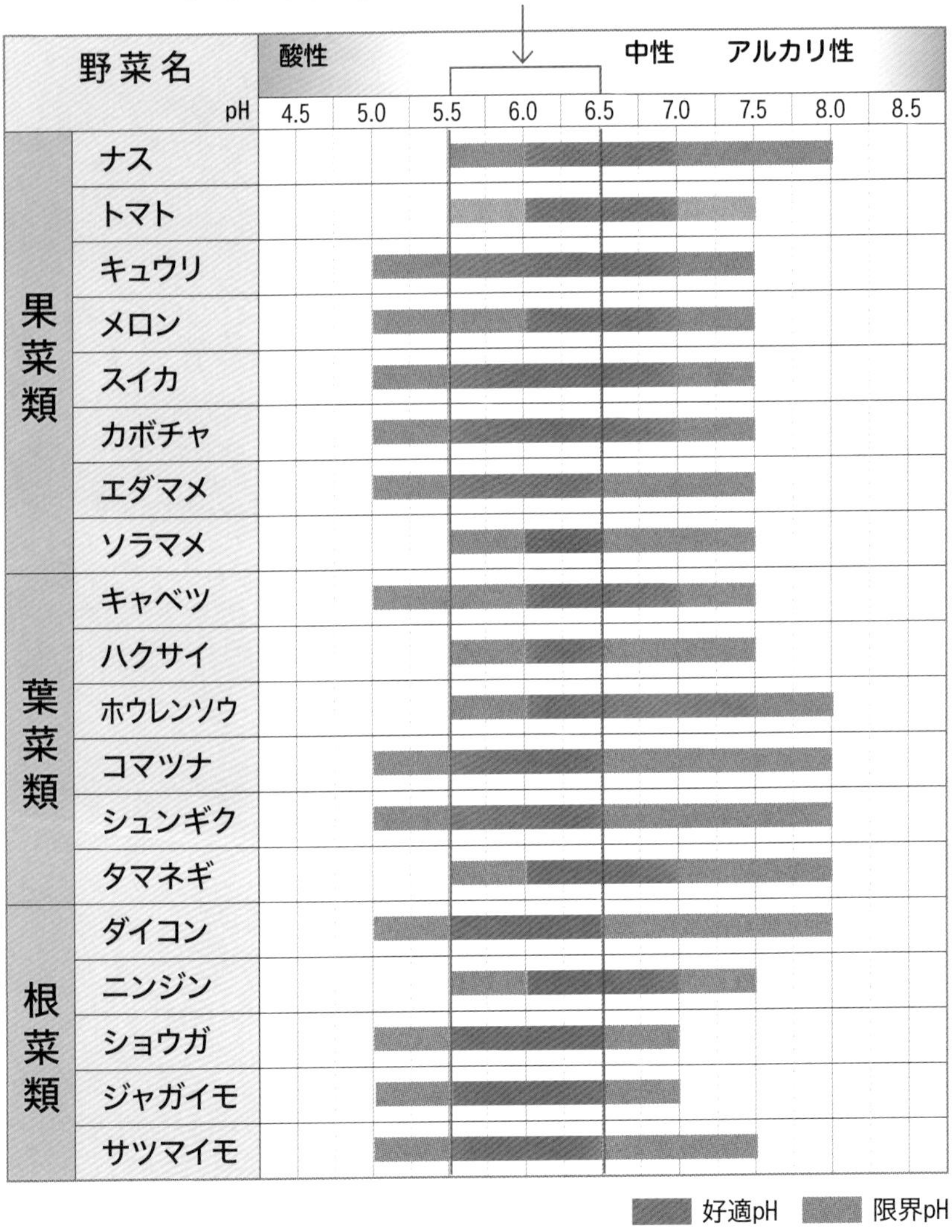
野菜名
pH
酸性
中性
アルカリ性
4.5
5.0
5.5
6.0
6.5
7.0
7.5
8.0
8.5
果菜類
ナス
トマト
キュウリ
メロン
スイカ
カボチャ
エダマメ
ソラマメ
葉菜類
キャベツ
ハクサイ
ホウレンソウ
コマツナ
シュンギク
タマネギ
根菜類
ダイコン
ニンジン
ショウガ
ジャガイモ
サツマイモ
好適pH
限界pH

苦土石灰
カキ殻
消石灰

水に溶け出しにくくなり、吸収も難しくなります。その一方で、溶け出しやすくなるのが、根の生長を阻害するアルミニウムです。アルミニウムには、土の中のリン酸を固定する性質もあるため、植物の生育に重要なリン酸を根が吸収しにくくなるという別の弊害もあります。

なお、pH7.5以上で土がアルカリ性に傾いている場合も、多くの肥料成分の吸収が難しくなります。

日本の土は酸性に傾きがち

雨が多い日本では、土が酸性に傾きがちです。土をアルカリ性にしているカルシウムやマグネシウムなどは、ふだんは土の中の粘土や腐植にくっついていますが、雨が降ると土から簡単に離れ、雨といっしょに地下に流れてしまうためです。

そこで、カルシウムやマグネシウムを含むアルカリ性の石灰資材を土に入れて、野菜の生育に適した弱酸性〜微酸性の土に調整する必要があります。

雨が多いと土は酸性になる

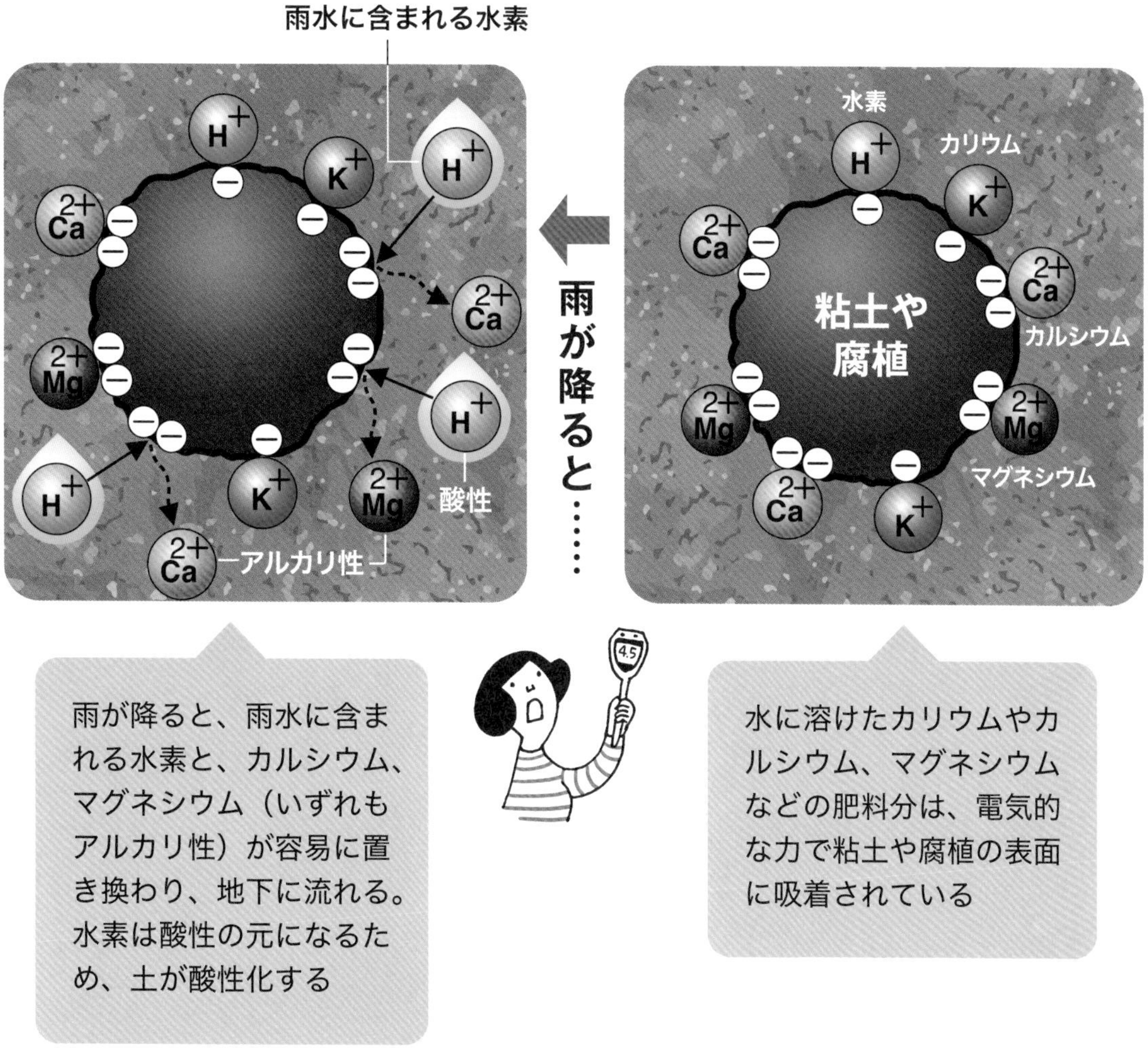

水素
カリウム
カルシウム
マグネシウム
粘土や腐植
雨が降ると……
雨水に含まれる水素
酸性
アルカリ性
水に溶けたカリウムやカルシウム、マグネシウムなどの肥料分は、電気的な力で粘土や腐植の表面に吸着されている
雨が降ると、雨水に含まれる水素と、カルシウム、マグネシウム（いずれもアルカリ性）が容易に置き換わり、地下に流れる。水素は酸性の元になるため、土が酸性化する

第1章 種まき、植えつけ前の準備をしよう

石灰資材の施し方

作付けごとに石灰資材を施す

作付けごとに土のpHを測って、必要量の石灰資材を施してもよいのですが、家庭菜園では、通常は作付けごとに100g／㎡ほどの苦土石灰を施用すれば、土のpHを維持することができます。

施す時期は、作付けの1～2週間前です。作付けまでに1～2回は雨が降り、石灰が溶けて土壌全体に行き渡ります。1か月前に施すこともできますが、それより前に施すと雨で流されて効果が減少します。なお、効果の現れ方が穏やかな苦土石灰や有機石灰なら、作付けの当日に施すことも可能です。作付け適期を逃しそうな場合は、元肥、石灰の順番にまき、すぐに耕しましょう。

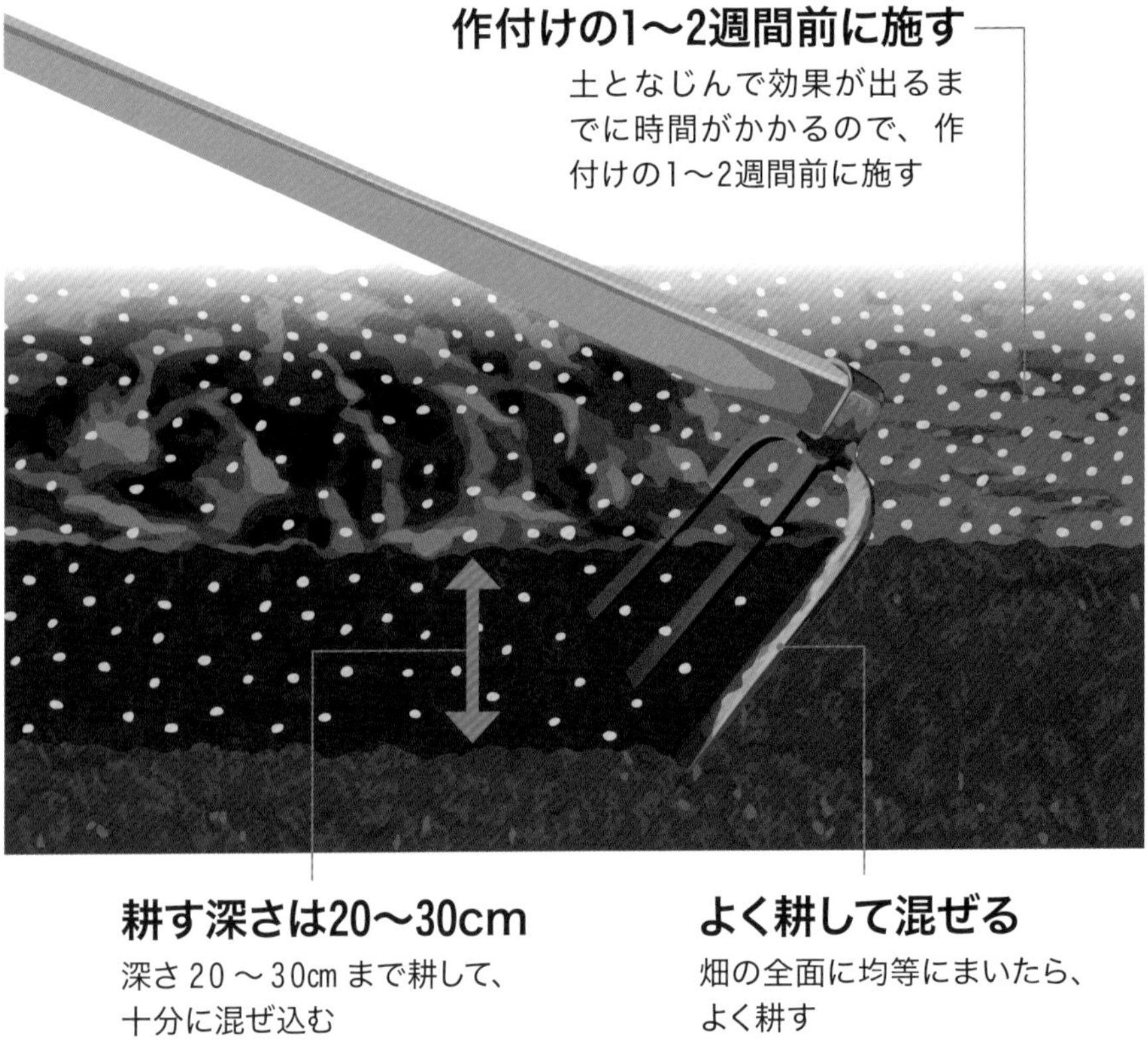
作付けの1～2週間前に施す
土となじんで効果が出るまでに時間がかかるので、作付けの1～2週間前に施す
耕す深さは20～30cm
深さ20～30cmまで耕して、十分に混ぜ込む
よく耕して混ぜる
畑の全面に均等にまいたら、よく耕す

石灰資材の施用量の目安（壌質土の場合）

石灰の種類	アルカリ分	pH調整効果	pHを1上げるための目安量（g／㎡）
苦土石灰	53％以上	○	200～300
消石灰	60％以上	◎	150～220
カキ殻石灰	40％前後	△	240～360
貝化石	40％前後	△	240～360

注）粘土や腐植が多い土の場合は、施用量を増やす

石灰資材の種類

無機石灰

石灰岩など、岩石や鉱物が原料の石灰。効き方は種類によって異なる

苦土石灰

家庭菜園におすすめ

石灰（カルシウム）と苦土（マグネシウム）をバランスよく含み、穏やかに効く。原料は石灰岩が変成したドロマイト鉱石。粉状と粒状があるが、散布しやすいのは粒状。粉状は効果が早く現れるが飛散しやすい

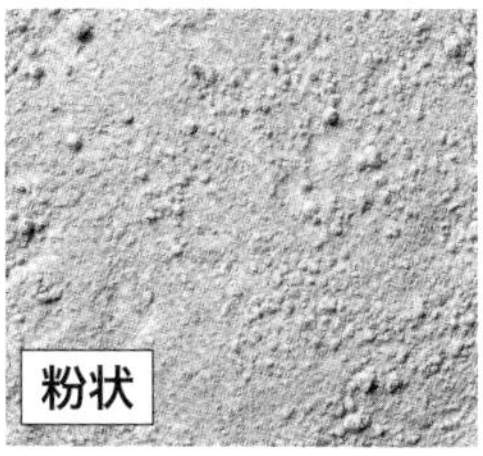

消石灰*

pHが低い土に

石灰岩を焼いて砕いて作った生石灰に、水を加えて熟成させたもの。速効性でアルカリ性が強いため、pHが低い土をすぐに大幅に調整したいときに便利。ただし使いすぎるとアルカリ性に大きく傾くので注意

有機石灰

貝殻など、動物性のカルシウムが原料の石灰。ゆっくりと長く効く

カキ殻石灰

窒素やリン酸も含む

カキ殻の塩分を取り除いたあと、焼くか乾燥させてから粉砕したもの。石灰のほかに、鉄やホウ素などの微量要素、カキの肉片に由来する窒素やリン酸を含む。少しずつ溶けながら穏やかに長く効く

貝化石

苦土も含む

海底に堆積して化石化した貝殻、サンゴ、珪藻類などを粉砕したもの。石灰のほかに苦土を含み、鉄などの微量要素やケイ素も含んでいる。少しずつ溶けながら緩やかに長く効果を発揮する

野菜づくりの **ワザ**

ホウレンソウのできが悪かったら土のpHを測る

ホウレンソウは、酸性土壌が苦手。作付けごとに石灰資材を施しているのに、発芽後、本葉2～3枚で葉が黄色くなってきたり、生育が止まったりしたら、土が酸性に傾いている可能性があります。一度畑のpHを測定し、適正なpHになるよう、右の表から石灰資材の必要量を計算して施すとよいでしょう。

＊強アルカリ性のため、散布時には保護メガネや手袋、保護マスクなどを着用する

野菜には肥料が必要

光合成だけでは生きられない

動物とは異なり、植物は大気中の二酸化炭素と水、光エネルギーを利用して、光合成によりみずから養分（同化産物）をつくり出すことができます。しかし、同化産物だけでは、植物は細胞をつくることも、生命を維持することもできず、生きていくことができません。植物が生きていくためには、窒素をはじめとするいくつもの要素を、根から吸収する必要があります。

この要素をまとめたのが左下の「植物の必須要素」です。植物の生育に不可欠な要素は17種類あり、そこから、水や空気の形で吸収できる、炭素、酸素、水素を除いたものです。必須要素のうち、植物が必要とす

植物の生育と養分

光エネルギー
二酸化炭素
CO_2
H_2O 水
根から吸収した養分と同化産物の糖から、植物のからだのもとになるアミノ酸、タンパク質を合成する
水と二酸化炭素を原料に、光エネルギーを使い、光合成によって同化産物をつくる。同化産物は植物の細胞の骨格になるとともに、生命活動のエネルギーとして使われる
N
P
Ca
カルシウム
H_2O
H_2O
N
N
K
カリウム
N
マグネシウム
Mg
K
P
P
リン
窒素
S イオウ

る量が多いのが「多量要素」です。その中でもとくに必要量が多く、影響が大きい、窒素、リン、カリウムの3つの要素を中心に肥料として施します。これを「肥料の三要素*」と呼びます。「微量要素」は、必須要素のうち必要量がきわめて少ないものです。通常は堆肥などから供給されます。

自然の山野との違い

畑で育てる野菜が肥料を必要とするのに対し、自然の山野に自生する植物は肥料なしで元気に育ちます。自然界では、落ち葉や枯れ草、動物のふんなどの有機物が、小動物や土壌微生物によって分解されて土に戻り、これを植物が養分として吸収できるためです。

一方、畑では育てた作物の一部を残渣《ざんさ》として土に戻すことはあっても、大部分は収穫物として畑の外に持ち出します。そのため、土に戻る有機物が少なく、不足する養分を肥料で補う必要があるのです。

植物の必須要素

多量要素	N	窒素	葉、茎、根の生長を促し、養分の吸収や光合成を盛んにする
多量要素	P	リン	根張りや分げつを促進し、花や実のつきをよくする
多量要素	K	カリウム	根の肥大や花と実の生長を促し、病気や寒さへの抵抗力を高める
多量要素	Ca	カルシウム	細胞膜を強くして病気への抵抗力を高める。根の発育を促進する
多量要素	Mg	マグネシウム	葉緑素の構成元素。リン酸の吸収を助ける
多量要素	S	硫黄	葉緑素やタンパク質の合成に関わる
微量要素	Fe	鉄	葉緑素の合成に関わる
微量要素	Cu	銅	酵素や葉緑素の合成に関わる
微量要素	Mn	マンガン	葉緑素やビタミン類の合成に関わる
微量要素	B	ホウ素	細胞膜の形成と維持に役立つ。新芽や根の生長に関わる
微量要素	Mo	モリブデン	タンパク質の合成や根粒菌の生育に関わる
微量要素	Zn	亜鉛	各種酵素やタンパク質、オーキシンなどの合成に関わる
微量要素	Cl	塩素	光合成やデンプンなどの植物体内構成成分の合成に関わる
微量要素	Ni	ニッケル	タンパク質の合成に関わる

＊肥料として、成分量を表すときに対象になるのは、窒素（N）、リンの酸化物であるリン酸（P_2O_5）、カリウムの酸化物であるカリ（K_2O）。一般には、これを略してN、P、Kと表記することが多い

知っておきたい肥料の種類と特徴

肥料にはさまざまな種類があり、原料や形状、含まれる肥料成分の数などによって分類されています。どのような種類があるのか紹介しましょう。

原料の違いによる分類

化学肥料
自然界に存在する無機物を原料に化学的に合成、もしくは、特定の成分だけを取り出した肥料

有機質肥料
動物のふんや魚かす、米ぬかや油粕など、動物性や植物性の有機物を原料にした肥料

それぞれの特徴

	化学肥料	有機質肥料
肥料の効き方	基本的に、水に溶ければすぐに効く	土壌微生物による分解を経る必要があるので、効果が現れるまでに時間がかかる
長所	・成分量が明確なので、施肥量の調節がしやすい ・においが少なく、有害物質を含まない ・ゆっくり効果が出るように加工したものもある	・肥料の三要素のほか、微量要素も含む ・土壌中の微生物の種類が殖える。団粒構造の土をつくる
短所	・扱いやすく少量で効くが、与えすぎると肥焼け（肥料により根が傷むこと）を起こしやすい ・ほかに有機物を施さずに、化学肥料だけを使い続けると、土壌中の有機物や、有機物を餌とする土壌微生物が減ってしまう	・肥料成分の量が、化学肥料ほど明確でない ・土壌微生物に分解される過程で、ガスや熱が出るため、施してから作付けまでに、1～2週間ほどあける必要がある

形状による分類

固体肥料
粉末状、粒状、ペレット状などがある。粉末状は、効果が早く現れるが、飛散しやすく扱いにくい欠点がある

液体肥料
肥料成分を水に溶かした液状の肥料。早く効き、土に施すものと葉面散布用とがある。土に施すタイプは、葉面散布にも使えるものが多い

含まれる三要素の数による分類

単肥：肥料の三要素である窒素、リン酸、カリのうち、１つの成分だけを含む肥料

複合肥料：肥料の三要素のうち、２種類以上の成分を含む肥料

化成肥料
複数の肥料を混合し、化学的な加工を加えて、粒状やペレット状にしたもの

配合肥料
粉状や粒状の複数の単肥や、化成肥料などを混ぜ合わせたもの

主な化学肥料と有機質肥料

化学肥料

硫安
窒素含有量が21%と、ほどほどで扱いやすい窒素肥料。元肥、追肥に使用

尿素
水に溶けやすい窒素肥料。含有量は46%と多い。追肥、葉面散布に使用

過リン酸石灰
すぐに効く水溶性のリン酸を14～17%含む。火山灰土壌では肥効が短い

熔《よう》成リン肥(熔リン)
有機酸によってゆっくり溶け出すリン酸を20%含む。火山灰土壌に向く

硫酸カリ
水に溶けやすいカリを50%ほど含む。土を酸性化させる。元肥、追肥に使用

有機質肥料

油粕
窒素を多く含み、リン酸とカリもわずかに含む

発酵鶏ふん
三要素を比較的多く含み、化成肥料並みの速効性がある

魚かす
窒素とリン酸を多く含む。有機質肥料の中では早く効く

骨粉
く溶性*で、じわじわと効くリン酸肥料。窒素も含む

米ぬか
リン酸が多く、窒素とカリも含む。土壌微生物の餌に最適

草木灰
カリが主体で、少量のリン酸を含む。速効性

＊く溶性　根から出る有機酸により、ゆっくりと溶け出すこと

肥料の上手な使い方・選び方

施肥の基本になる化成肥料

粒の形や大きさ、粒ごとの成分が均一なので、散布しやすく、むらなく施すことができます。もっとも一般的なのは、化学肥料を原料としたN・P・K＝8・8・8のもの。これさえあれば、どのような野菜にも、元肥にも、追肥にも使えます。

リン酸は雨で流亡しにくく、全量を元肥で施せるため、追肥には窒素とカリだけを含む「NK化成」を使うのもよいでしょう。

液体肥料はすぐに効かせたいときに

三要素に加え、微量要素が入ったものが多くあります。効果が早く現れるので、肥料切れや着果負担が原因で草勢が低下したときなど、すぐに肥料を効かせたいときに使うと効果があります。

葉面散布は、もっとも速効的な施用方法で、湿害などで根が傷み肥料を吸収できないときや、ホウ素欠乏の予防などに効果があります。

有機質肥料は元肥に使うのが基本

油粕や骨粉、草木灰など、個別の肥料を使うときは、窒素、リン酸、カリの量が育てる野菜の必要量になるように組み合わせます。複数の有機質肥料を配合した有機配合肥料なら、組み合わせは不要です。

ゆっくりと効くので、元肥に使うのが基本。追肥には、早く効くボカシ肥を使いましょう。

野菜づくりの
ワザ

有機質肥料による野菜づくりは一歩ずつ慎重に

今までの有機物の施用が不十分で、土壌微生物があまりいない畑に、いきなり有機質肥料を施しても分解が進まず、肥料不足になりがちです。土壌微生物の多い土になるまでは、元肥に有機質肥料、追肥には化学肥料を使いながら、少しずつ有機質肥料だけに移行していくとよいでしょう。

化成肥料をほかの肥料と組み合わせてワンランクアップ

便利で潰しが利く化成肥料は、ほかの肥料と組み合わせるともっと効果的。
元肥での使い方を紹介します。

それぞれの長所が生きる

化成肥料 ＋ 有機質肥料

速効性で成分量がはっきりしている化成肥料に、ゆっくりと効く有機質肥料を組み合わせれば、肥効期間が長くなる。肥料切れへの備えにもなり、微量要素も補給できる。油粕を使うのが基本だが、ほかの有機質肥料を加える方法もある。

有機質肥料の組み合わせ例

油粕 ＋ 魚かす ＋ 骨粉 ＋ 米ぬか

期待される効果	こんな野菜に
有機質肥料のじわじわ効果で野菜が甘くなりやすい。有機質肥料由来の多様なミネラルも味をよくする	糖度を高めたい完熟果を収穫する野菜。トマト、スイカ、カボチャ、イチゴなど

油粕 ＋ 発酵鶏ふん

期待される効果	こんな野菜に
化成肥料と、化成肥料並みに速効性で肥効が高い発酵鶏ふんが、生育初期の生育を手厚くサポートする	・多肥を好み、つるぼけしにくい野菜。ナスやピーマン、キュウリなど ・寒くなるまでに外葉を大きくしたい野菜。キャベツやハクサイなど ・栽培期間が短い軟弱野菜。ホウレンソウ、コマツナ、シュンギクなど

適切な量の施肥ができる

化成肥料 ＋ 単肥

窒素、リン酸、カリの必要量は等量とは限らない。たとえば、タマネギの元肥での必要量は1㎡当たり窒素16g、リン酸25g、カリ16g（土壌や地域で異なる）。施肥量はもっとも影響が大きい窒素の量で計算するので、N・P・K＝8・8・8の化成肥料200gを施すことになる。すると、リン酸が9g不足する。単肥を使えば、この不足分が補える。リン酸の含有量が17%の過リン酸石灰なら、50g施せばよい。

不足分を補うのに向く単肥

要素	単肥名
窒素	硫安（N=21）
リン酸	過リン酸石灰（P=17〜20）
カリ	硫酸カリ（K=50）

あらかじめ施す元肥

元肥は、作付けに先立って施す肥料です。生長を始めた野菜に、速やかに養分を供給する役割を担っています。

作付け後に施す追肥と異なり、元肥は土の中に施すことが可能です。肥料は水に溶けることで、根が吸収できる形になりますが、土の中は水分量や地温の変動が少なく、肥料分の溶け出し方にムラがないため、安定した肥効が得られます。

N・P・K＝8・8・8などの化成肥料のほか、あらかじめ土に施しておくので、土壌微生物による分解が必要な有機質肥料も利用できます。

施用時期は、作付けの1～2週間ほど前です（施用のスケジュールについては36ページ）。全面施肥と作条施肥の2つの方法があります。

全面施肥

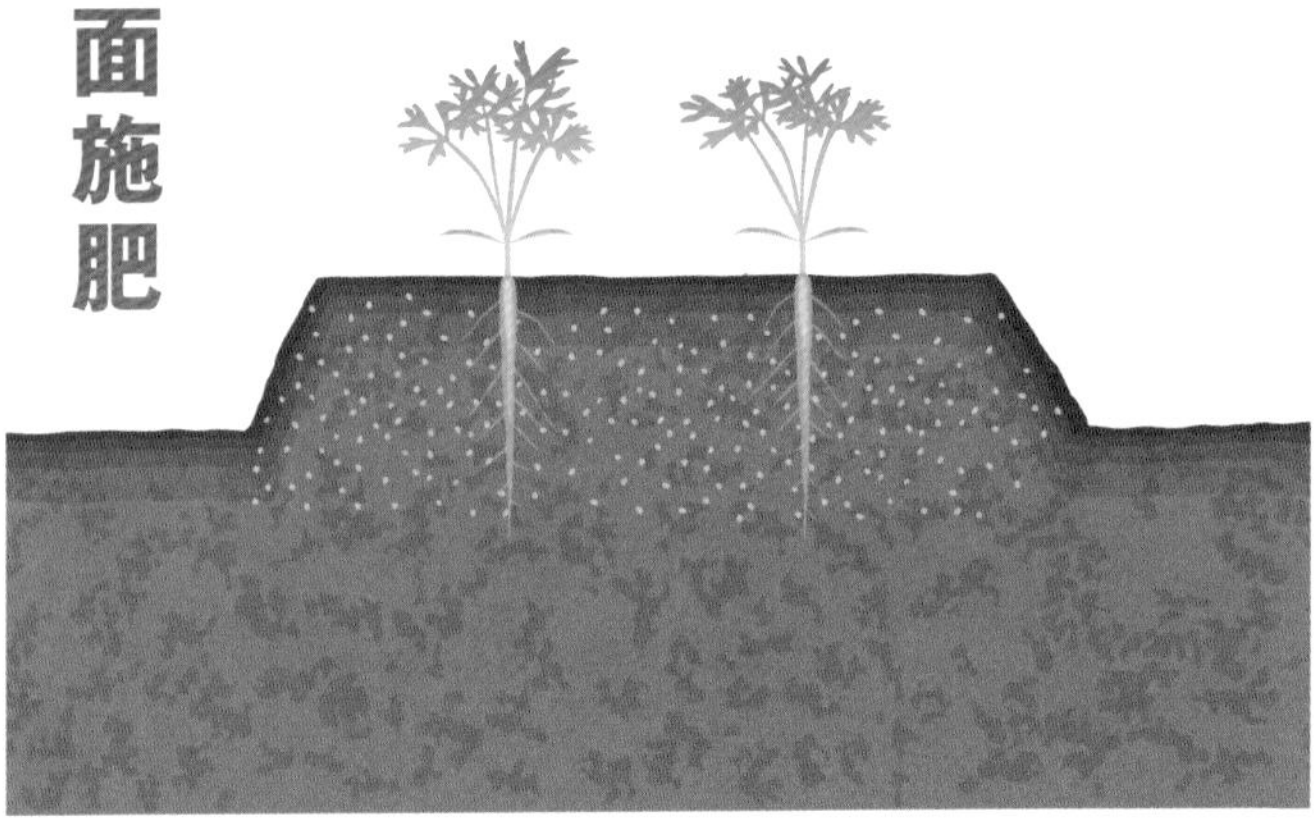

畝全体に肥料を施す方法。作条施肥よりも肥焼けが起きにくく、肥効も早くから現れる。反面、野菜に吸収されずに雨などによって流亡する肥料が多い

こんな野菜に

畝の全面に種をまく軟弱野菜や、肥料に直接根が当たるとまた根になりやすい根菜類をはじめ、ほとんどの野菜に使える

作条施肥

畝の下のほうに肥料をまとめて施す方法。全面施肥よりも雨によって流亡する肥料が少なく、効率よく肥料が利用できる

こんな野菜に

トマトやナスなどの果菜類や、キャベツやブロッコリーなど栽培期間が長い葉菜類に向く

元肥の施し方

作条施肥

1
畝を立てる場所を決め、畝の中央に深さと幅が30cmほどの溝を掘る

2
掘り上げた土の上から溝にかけて肥料をまく

3
肥料と掘り上げた土を混ぜながら、溝を埋め戻す。地面が平らになったら、全体をならして畝を立てる

全面施肥

1
畝を立てる場所を決め、土の表面に肥料をまんべんなくまく

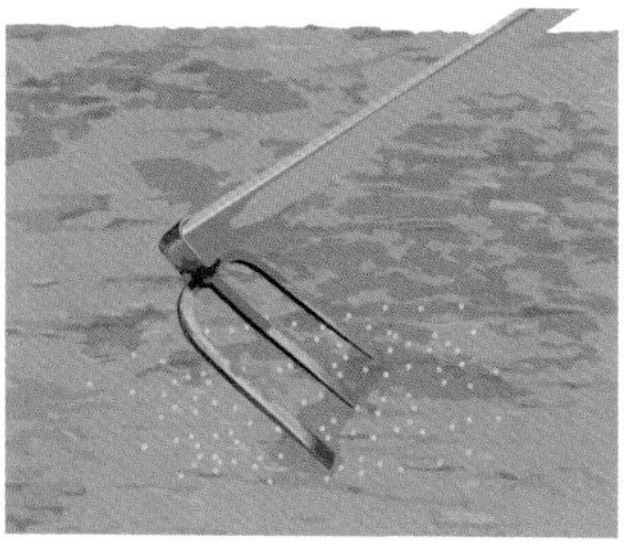

2
よく耕して、肥料と土をなじませる

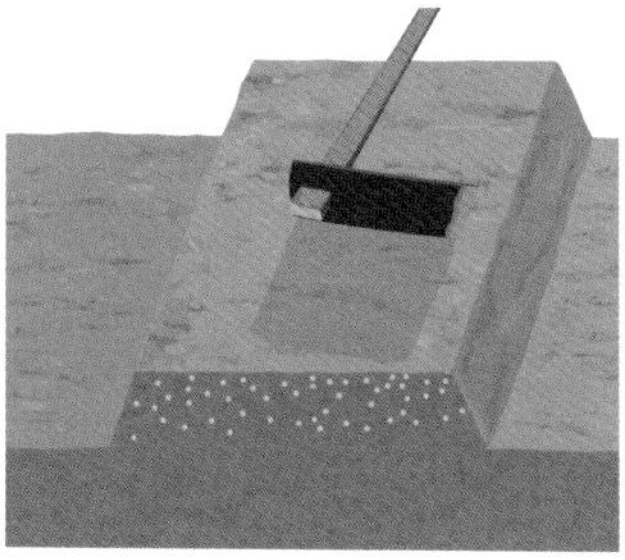

3
全体をならしてから畝を立てる。最後に畝の表面を平らにならす

N·P·K=8·8·8の意味

肥料の話でよく登場する「N・P・K＝8・8・8」などの記述は、その肥料の中に肥料成分が何%含まれているかを表している。この場合でいえば、窒素（N）、リン酸（P）、カリ（K）ともに8%、要するに肥料が100gあれば、それぞれ8gずつ含まれていることになる。

肥料のパッケージには大きく書かれていることが多い

堆肥、石灰資材、元肥を施すスケジュール

土づくりで施す堆肥、石灰資材、元肥は、どのようなスケジュールで
施せばよいのか、2つのパターンを紹介します。

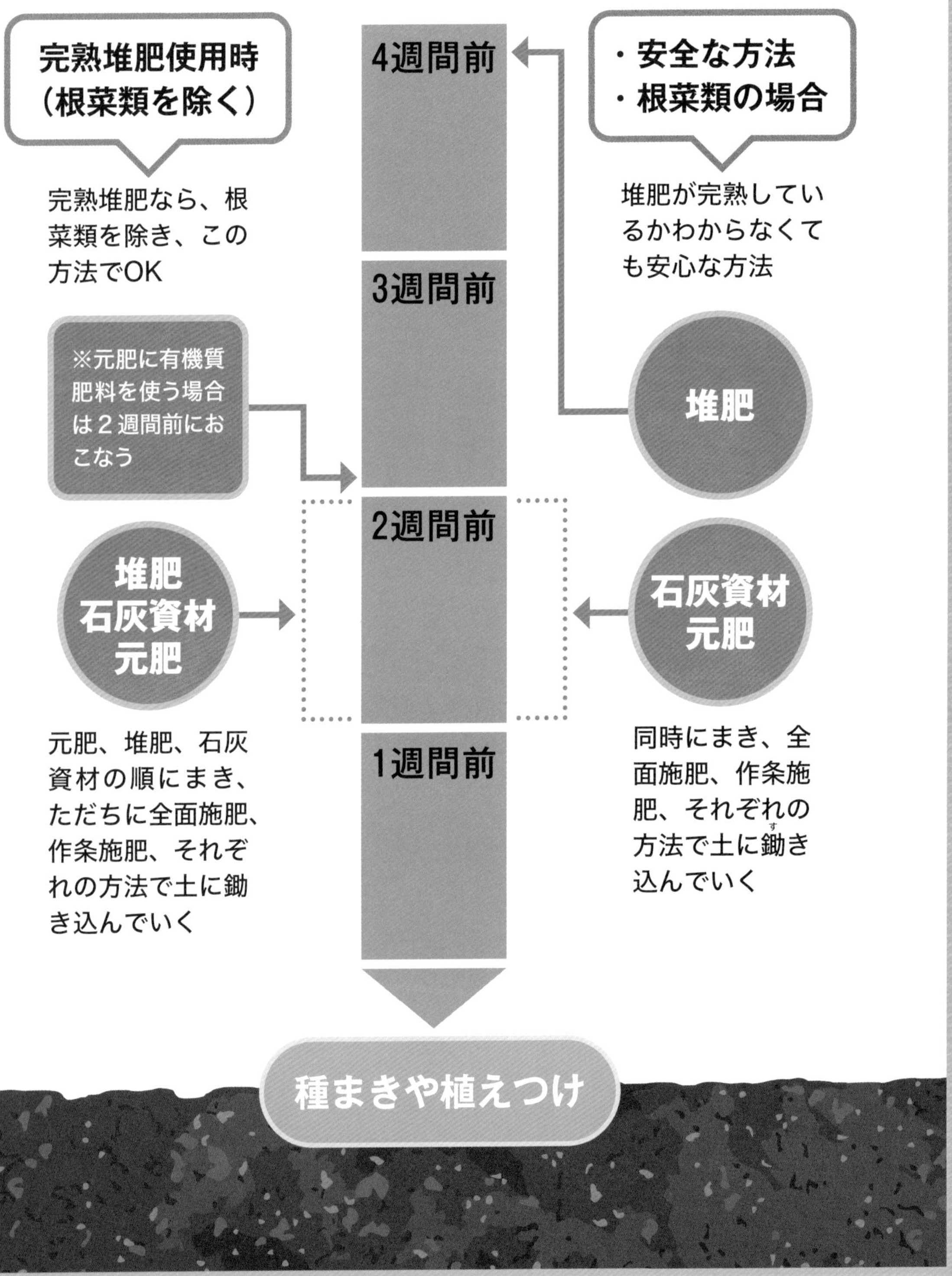
完熟堆肥使用時（根菜類を除く）
完熟堆肥なら、根菜類を除き、この方法でOK
※元肥に有機質肥料を使う場合は２週間前におこなう
堆肥
石灰資材
元肥
元肥、堆肥、石灰資材の順にまき、ただちに全面施肥、作条施肥、それぞれの方法で土に鋤き込んでいく
4週間前
3週間前
2週間前
1週間前
・安全な方法
・根菜類の場合
堆肥が完熟しているかわからなくても安心な方法
堆肥
石灰資材
元肥
同時にまき、全面施肥、作条施肥、それぞれの方法で土に鋤《す》き込んでいく
種まきや植えつけ

あとから補う追肥

追肥は作付け後、野菜の栽培中に追加で施す肥料です。栽培期間が短い軟弱野菜などは元肥だけで育ちますが、ある程度長く栽培する野菜の場合は、元肥だけでは肥料分が足りません。さらに、野菜は生長するにつれて、多くの肥料分を必要とします。そこで、元肥の効果が切れてくる前に、生育に合わせて肥料分を補うのが追肥です。

　向いているのは、すぐに効果が現れる肥料で、化成肥料のほか、より速効的な液体肥料が使えます。有機質肥料の場合はボカシ肥を使いましょう。施す場所は、根が伸びていく先のほか、根がある場所ならどこでもかまいません。肥料は水に溶けてから吸収されるので、施したら土に混ぜるか、上に土をかぶせます。

マルチありの場合

ナスなどの果菜類

大きく育ってから追肥するので、根も伸びている。畝の端に溝を掘って施し、上に土をかける

タマネギ

マルチの上からばらまけばよい。雨で肥料が溶け出し、自然に土にしみ込む

マルチなしの場合

キャベツやブロッコリーなど

株が小さなうちは株間に、大きくなったら通路にまき、浅く耕して土に混ぜる

追肥のタイミングは野菜によってちがう？

追肥は生育に合わせて施すものですが、野菜の種類によって、生育の仕方が異なるため、追肥のタイミングも異なります。

Ⓐ 栽培期間が短い軟弱野菜

コマツナやホウレンソウなどが該当します。生長に伴って肥料の必要量が増えていきますが、栽培期間が短いため、元肥だけで育ちます

Ⓑ ほぼいっときに果実をつける野菜

スイカやカボチャなどは、ある程度つるを伸ばしてから、ほぼいっときに大きな果実をつけます。着果前の多肥は、つるぼけ*の原因になりますが、着果後は果実の肥大に多くの養分が必要です。着果が確実になっ

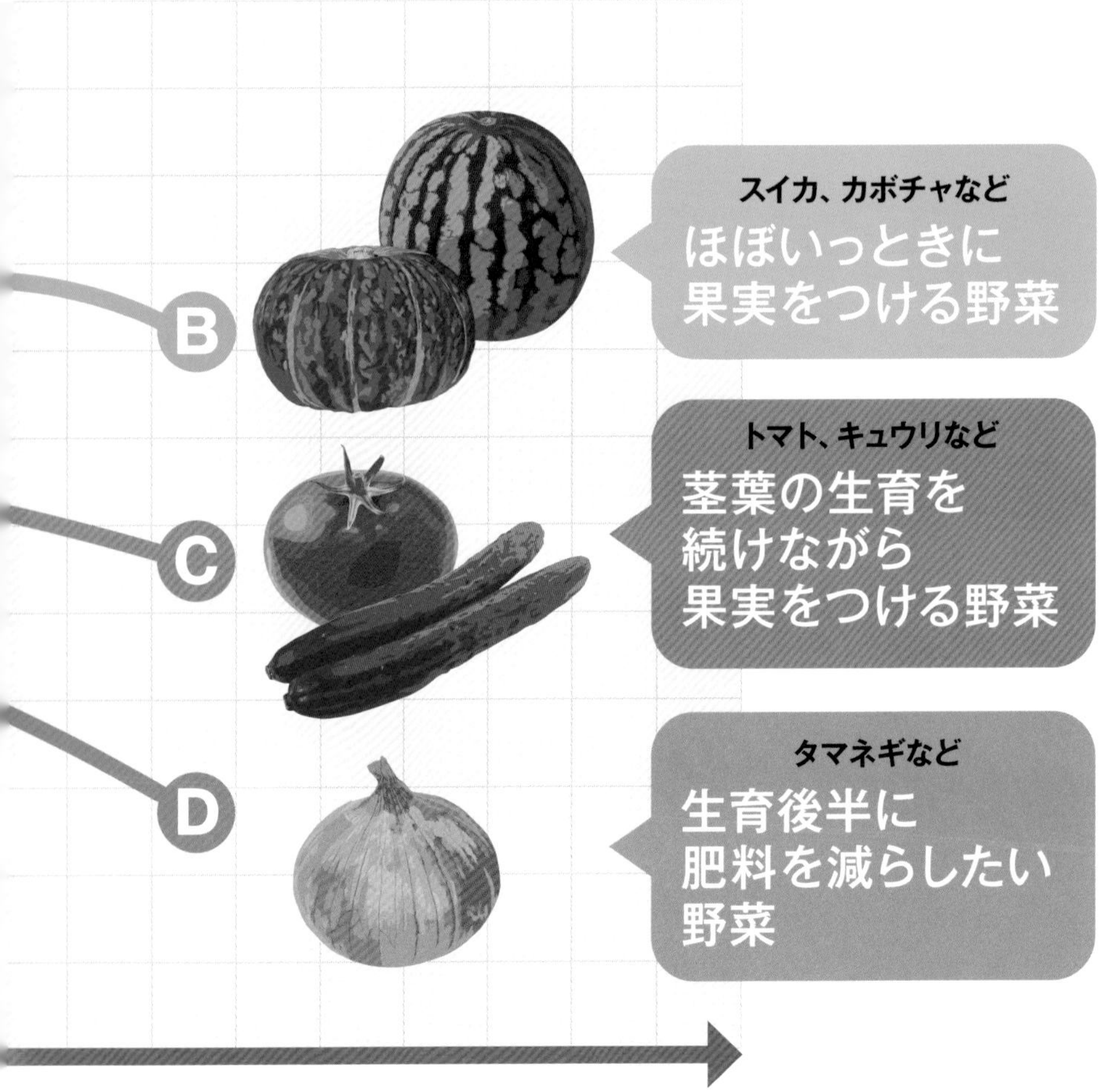

＊つるぼけ　つるや葉ばかりが茂り、よい花や、よい果実がつきにくくなる現象。着果しにくくなる場合もある

た段階での追肥で草勢を維持し、光合成を活発にさせて、果実の肥大・成熟を促します。

Ⓒ 茎葉の生育を続けながら果実をつける野菜

トマトやキュウリなどは、茎葉を伸ばしながら、次々と果実をつけていきます。開花・結実には多くの肥料が必要で、同時に茎葉も伸ばさなければなりません。両者がコンスタントに生長し続けるように、定期的に追肥をします。

Ⓓ 生育後半に肥料を減らしたい野菜

タマネギの球は、葉が変形したもの。球の肥大の終盤まで肥料が効いていると、球が腐りやすくなるため、早めに追肥を切り上げます。茎が変形してイモになるジャガイモも、遅くまで肥料が効いていると、デンプンの含有量が減って味が落ちます。ただし、肥料の必要量が多くないため、元肥だけで育てます。

タイプ別 肥料の効かせ方

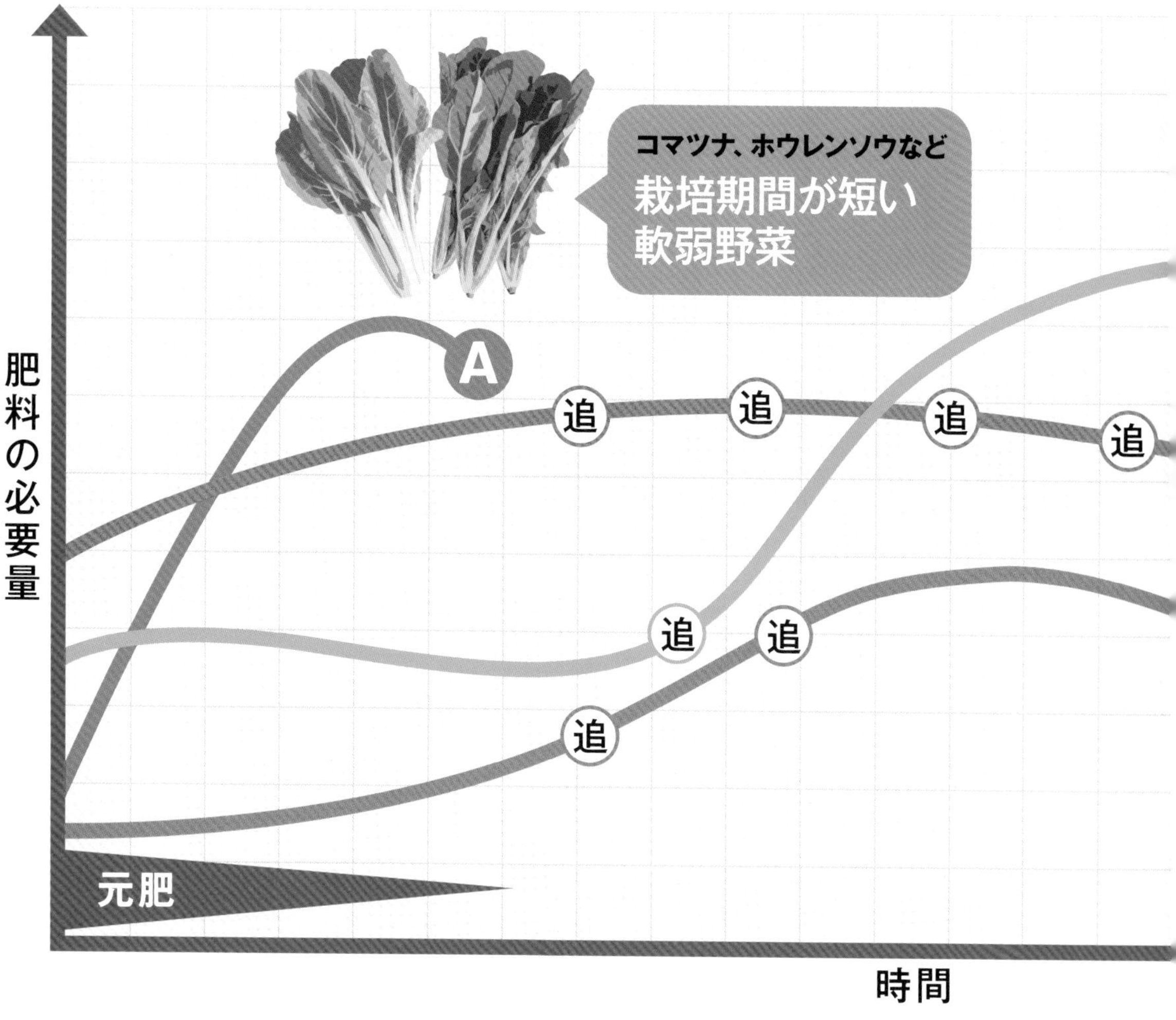

畝は野菜のためのベッド

畝とは、種をまいたり、苗を植えつけたりするために、土を高く盛り上げたものです。よく耕した土を盛り上げるため、水はけと通気性のよいふかふかな土の部分が増えます。そのため、根の生育がよくなります。根が素直に育つことができるので、根菜類では形のよいものができます。

周囲の地面よりも植えつけ面が高くなるので、水はけの悪い場所でも水が抜けやすくなり、大雨などによって畑が冠水しても、水につかるのは根の一部ですみます。また、土の浅い位置に礫層などがあり、深くまで耕せない場所でも畝を立てれば、作土層が深くなります。

畝の高さは5～10㎝が一般的ですが、野菜や地域によっては20㎝以上の高畝にすることもあります。

畝の効果

ふかふかな土の部分が増えるため、形のよいイモができる。長く根を伸ばす根菜類もまっすぐで形のよいものができる
植えつけ面が周囲の地面より高くなるので、水はけと通気性がよくなる。大雨が降っても、根全体が水につからずにすむ
土の浅い位置に礫層などがある場合も、畝を立てれば、根を張れる作土層が深くなる

畝の立て方

畝を立てるのは、堆肥や元肥を入れて耕してから。
雨が降った直後は避け、土がある程度乾いてからにしましょう。

1 畝の幅と長さに合わせて目印の支柱などを立て、ひもを張って、畝の範囲を決める

2 ひもの外側に鍬を入れ、掘った土を刃の腹に載せて、ひもの内側に落とし、土を盛り上げる。ひもに沿って、この作業を繰り返す

3 ひと回りして、土を盛り終えたら、レーキなどで畝の表面をかるくならして平らにする

4 きれいな畝のできあがり。最後に支柱とひもを取り外す

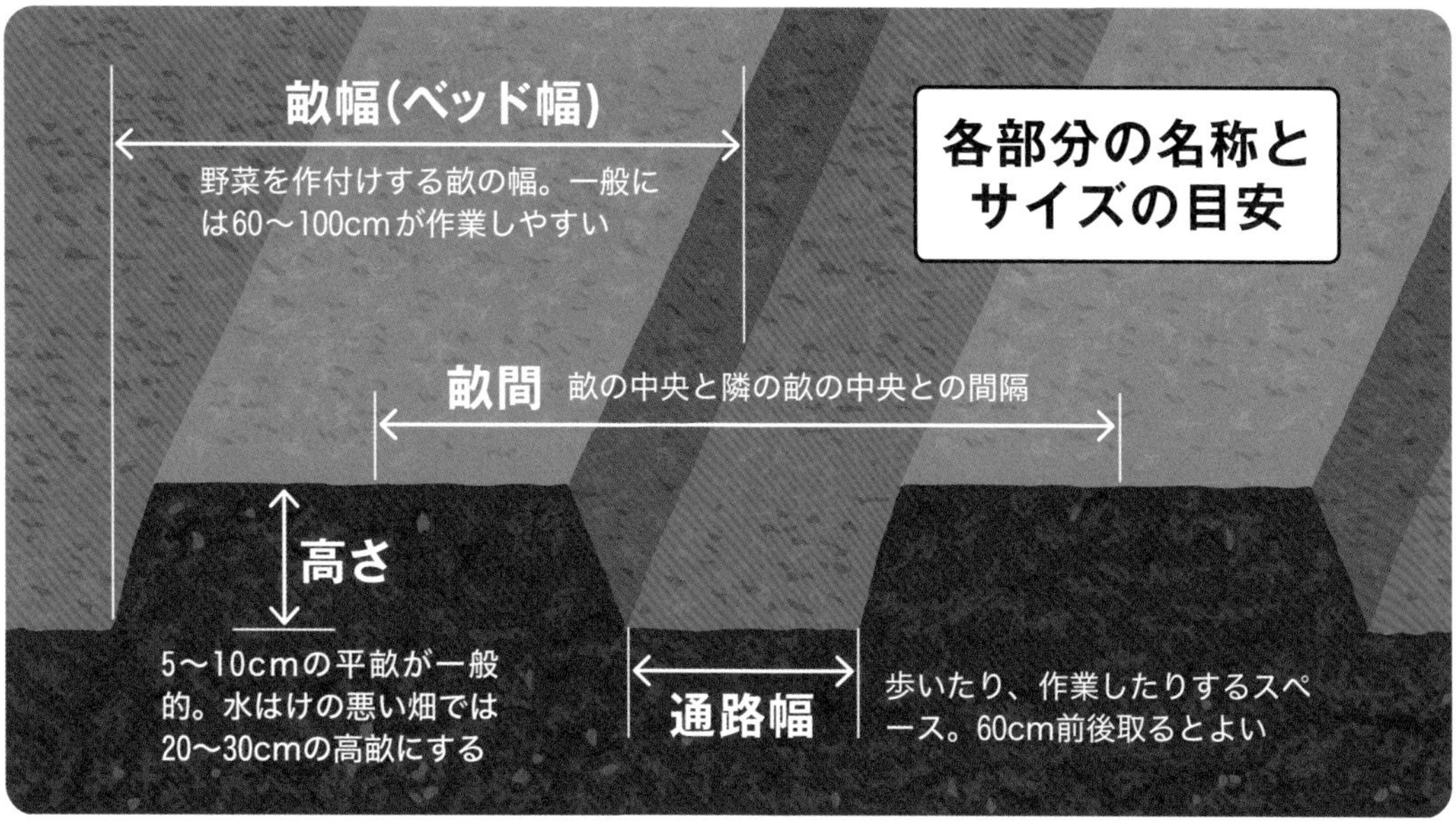
各部分の名称とサイズの目安
畝幅(ベッド幅)
野菜を作付けする畝の幅。一般には60～100cmが作業しやすい
畝間　畝の中央と隣の畝の中央との間隔
高さ
5～10cmの平畝が一般的。水はけの悪い畑では20～30cmの高畝にする
通路幅
歩いたり、作業したりするスペース。60cm前後取るとよい

マルチ ❶

マルチは使い分けが肝心

マルチとは、土の表面をなんらかの資材で覆うこと。マルチングともいわれ、おもにポリエチレン製フィルム（マルチフィルム）が用いられます。そのほか、微生物によって分解される生分解性マルチや、籾《もみ》殻やわらなどの有機物も使われます。

マルチフィルムには、下の図のようにさまざまな効果があります。フィルムには色の異なるいくつかの種類があり（左ページ）、地面を覆うことによって得られる効果は、どのフィルムでも変わりません。一方、光の透過率や反射率に関係する効果（雑草の抑制や地温の調整効果）などは、フィルムによって異なります。作付け時期を中心に、雑草抑制効果を加味して、どの色のマルチを使うか決めるとよいでしょう。

マルチフィルムの効果

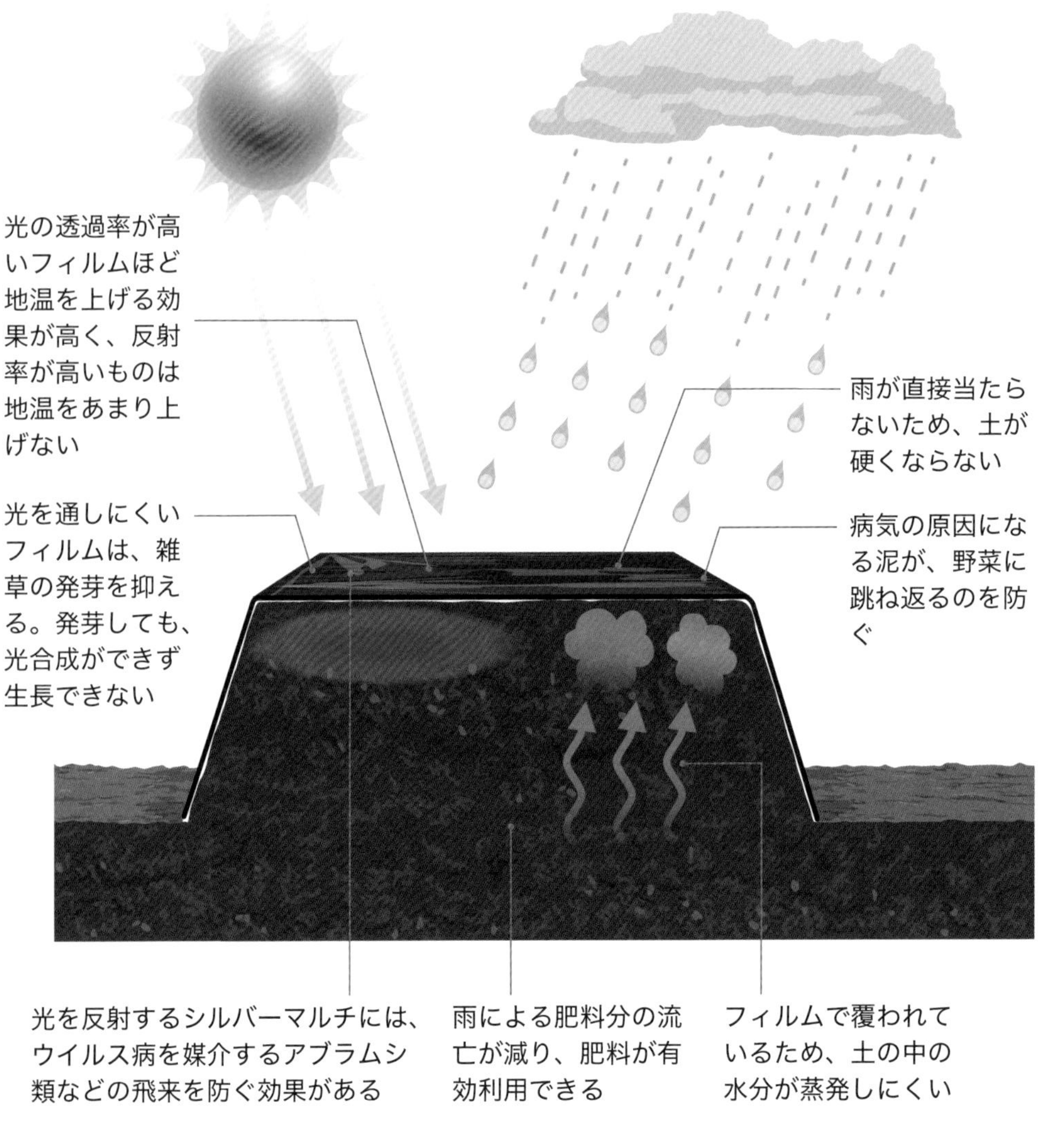

光の透過率が高いフィルムほど地温を上げる効果が高く、反射率が高いものは地温をあまり上げない
光を通しにくいフィルムは、雑草の発芽を抑える。発芽しても、光合成ができず生長できない
雨が直接当たらないため、土が硬くならない
病気の原因になる泥が、野菜に跳ね返るのを防ぐ
光を反射するシルバーマルチには、ウイルス病を媒介するアブラムシ類などの飛来を防ぐ効果がある
雨による肥料分の流亡が減り、肥料が有効利用できる
フィルムで覆われているため、土の中の水分が蒸発しにくい

作付け時期とふさわしいマルチフィルム

（関東・関西地方の平地基準）

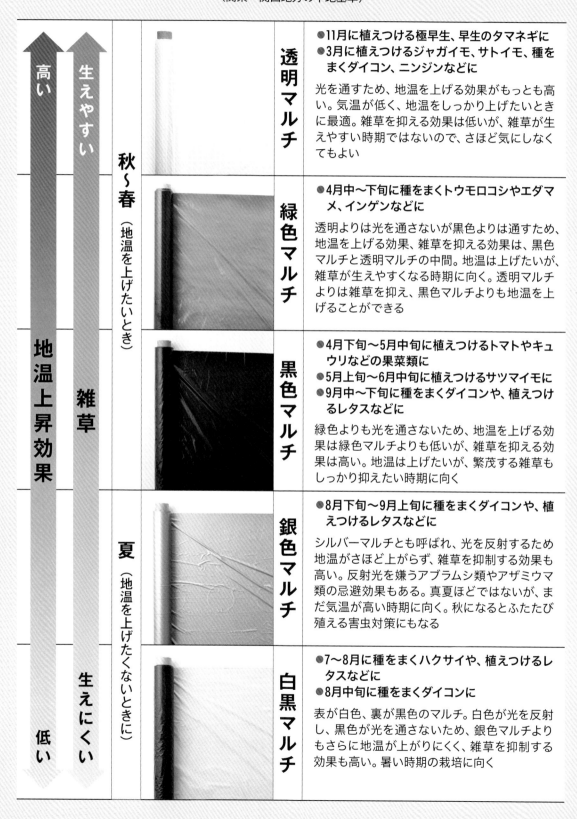

地温上昇効果：高い ↔ 低い

雑草：生えやすい ↔ 生えにくい

時期	写真	マルチ	用途・特徴
秋～春（地温を上げたいとき）		透明マルチ	●11月に植えつける極早生、早生のタマネギに ●3月に植えつけるジャガイモ、サトイモ、種をまくダイコン、ニンジンなどに 光を通すため、地温を上げる効果がもっとも高い。気温が低く、地温をしっかり上げたいときに最適。雑草を抑える効果は低いが、雑草が生えやすい時期ではないので、さほど気にしなくてもよい
秋～春（地温を上げたいとき）	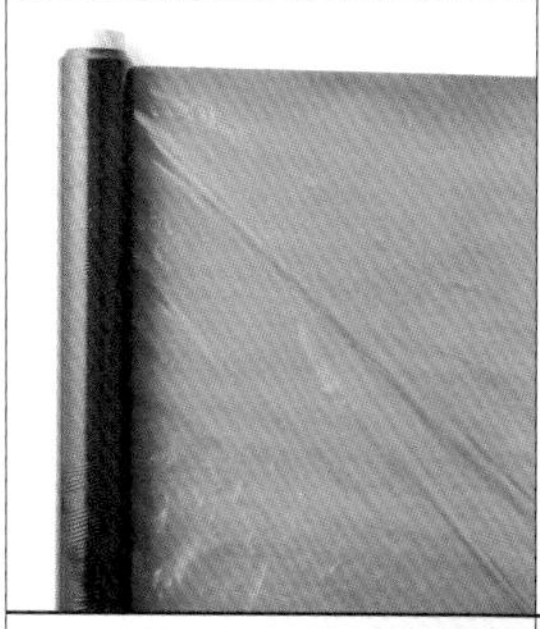	緑色マルチ	●4月中～下旬に種をまくトウモロコシやエダマメ、インゲンなどに 透明よりは光を通さないが黒色よりは通すため、地温を上げる効果、雑草を抑える効果は、黒色マルチと透明マルチの中間。地温は上げたいが、雑草が生えやすくなる時期に向く。透明マルチよりは雑草を抑え、黒色マルチよりも地温を上げることができる
秋～春（地温を上げたいとき）		黒色マルチ	●4月下旬～5月中旬に植えつけるトマトやキュウリなどの果菜類に ●5月上旬～6月中旬に植えつけるサツマイモに ●9月中～下旬に種をまくダイコンや、植えつけるレタスなどに 緑色よりも光を通さないため、地温を上げる効果は緑色マルチよりも低いが、雑草を抑える効果は高い。地温は上げたいが、繁茂する雑草もしっかり抑えたい時期に向く
夏（地温を上げたくないときに）	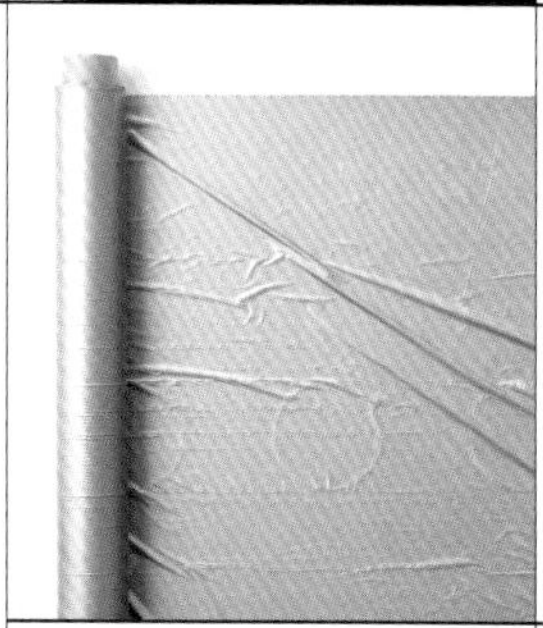	銀色マルチ	●8月下旬～9月上旬に種をまくダイコンや、植えつけるレタスなどに シルバーマルチとも呼ばれ、光を反射するため地温がさほど上がらず、雑草を抑制する効果も高い。反射光を嫌うアブラムシ類やアザミウマ類の忌避効果もある。真夏ほどではないが、まだ気温が高い時期に向く。秋になるとふたたび殖える害虫対策にもなる
夏（地温を上げたくないときに）		白黒マルチ	●7～8月に種をまくハクサイや、植えつけるレタスなどに ●8月中旬に種をまくダイコンに 表が白色、裏が黒色のマルチ。白色が光を反射し、黒色が光を通さないため、銀色マルチよりもさらに地温が上がりにくく、雑草を抑制する効果も高い。暑い時期の栽培に向く

マルチ張りのポイント

適度な土壌水分があるときにピンと張る

マルチを張るときのポイントは、まず、適度な土壌水分があるときに張ること。マルチを張ると雨が土にしみ込みにくくなるため、土が乾いた状態で張ってしまうと、乾いたままになります。雨が降った翌日、土の表面がかるく乾いたくらいのときに張るとよいでしょう。

地面とフィルムを密着させることも重要です。黒色マルチの保温効果は、フィルムに蓄えられた熱が地面と接し、直接伝わることで得られます。また、透明マルチには雑草の発芽を抑える効果がほとんどありませんが、フィルムと地面が密着していれば、雑草が芽を出しても太陽の熱で高温になり、枯死します。

サイズの選び方

マルチフィルムには、幅が95cm、135cm、150cmなど、いくつかのサイズがあります。どのサイズがよいかは、畝幅と畝の高さで決まります。畝の高さが5～10cm程度の場合、畝の幅が60～75cmなら95cm幅、80～110cmなら135cm幅を選びましょう。長さは、畝の長さに30～50cmを足した長さを用意します。

また、マルチには植え穴があいているものと、穴がないものがあります。作付けする野菜に合った条間、株間のものが入手できれば、穴あきが便利です。穴なしマルチを使う場合は、作付け前に必要な位置に穴あけ器などを使って穴をあけます。

穴あきマルチの規格番号の読み方

穴あきマルチには、たいがい4桁の数字が書かれている。フィルムの幅や穴の位置を表しているので、読み方を覚えておくとよい

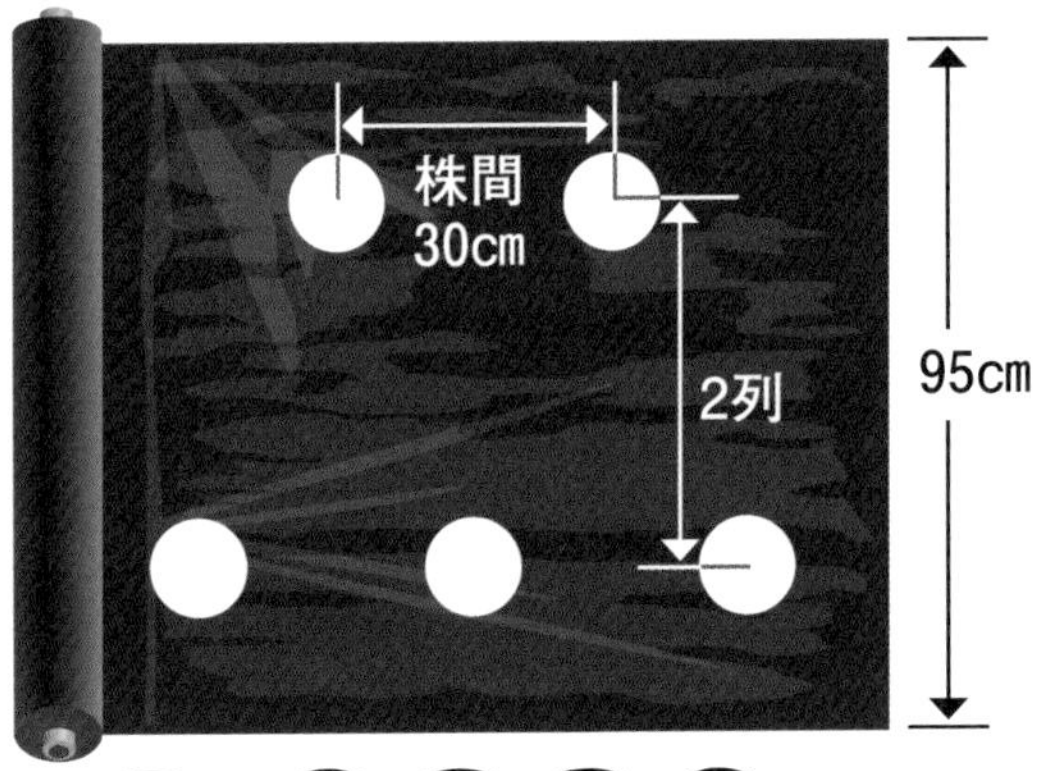

例 9230

フィルムの幅を表す
[9]なら95cm幅、
[3]なら130cmもしくは135cm幅、
[5]なら150cm幅

穴の列数を表す
[2]なので穴は2列

株間を表す
[30]なので、
株間は30cm

マルチの張り方

作業するのは、地面が適度に湿っているとき。
地面と密着させて、ピンと張ることで効果が発揮されます。

1 畝を立て、畝の表面を平らにならす。平畝の場合は畝の周囲に、マルチの裾を埋めるための溝を掘る

2 フィルムの端を畝端の土に埋め込み、ピンと張りながら、反対側の端まで伸ばす。途中、土をかけて仮留めすると、はがれにくい

3 反対側の端までフィルムを伸ばしたら、15㎝ほど残して切る。フィルムをピンと張った状態で土に埋め込む

4 足でフィルムの裾を踏んで引っぱりながら、上から土をかける。周囲をしっかりと埋め込めば完成

野菜づくりの **ワザ**

夏野菜の植えつけ時は早めに張って地温を上げる

夏野菜を植えつけるときは、地温を上げるために、植えつけの１～２週間ほど前にマルチを張ります。効果が高いのは穴なしマルチ。穴あきマルチの場合は、穴の部分の土が雨に打たれて硬くなるのを防ぐため、２～３日前に張るとよいでしょう。

太陽熱消毒をしてみよう

1 畝を立てる場所に、元肥と微生物のための餌を兼ねて、米ぬか、もしくは鶏ふん100～200g/m²をまく

2 さらに微生物資材*をまく。微生物が爆発的に殖えて、土の中の残渣を分解。病原菌の減少につながる。地温も上がる

3 鍬でよく耕し、米ぬかや微生物資材などをまんべんなく土に混ぜ込む

4 畝を立て、透明マルチを張る。土の表面と接するようにピンと張ることがポイント。時期に応じた期間そのままにする

太陽熱消毒は、太陽の熱を利用した土壌消毒の方法です。雑草対策や土壌病害虫の防除に役立ちます。

作業するベストシーズンは、気温が高く日ざしが強い梅雨明け後の1か月間。その前後の5月～梅雨明け、9月にも可能です。

土の中に水分が十分あることが重要なので、雨のあとか、土が乾いていたらまず水やりを。元肥と米ぬか、微生物資材などをまき、畝立てしてから透明マルチを張って地温を上げます。処理期間は、ベストシーズンなら20日間、その前後の時期なら1か月半～2か月です。処理終了後は、フィルムをはがし、そのまま作付けします。土を深く耕すと、殺菌されていない深層の土を表層に出すことになるので注意しましょう。

＊微生物資材　微生物が含まれる資材。有用微生物を殖やし、堆肥化の促進や土壌病害の軽減などを目的に使用する

第2章

元気な野菜を育てるために

種まきで失敗しないために

野菜づくりの第一歩、種まきをしたあと、芽が出るには、水分、温度、酸素の3つの条件が必要です。

種は休眠していますが、水分を吸収することで目覚めて生育を開始。まず根を出し、次に芽を出します。いったん生育を開始したあとで水分が不足すると、その段階で枯死してしまいます。

温度もたいせつで、その野菜にふさわしい温度でないと、目覚めても先に進むことができません。そのため、適切な地温になってから種をまくか、保温や日よけなどによって、温度を調節する必要があります。

酸素も重要です。多雨や水のやりすぎで、土の中の酸素が不足すると呼吸ができず、その段階で生育が止まり、種が腐ります。

発芽の3つの条件

1	水分	種は水分を吸収することで休眠から目覚め、適度な水分があることで発芽できる
2	温度	目を覚ましても、その野菜に適した温度でないと、発芽できない
3	酸素	目覚めたのち、酸素が足りない場合も生育できずに、種が腐ってくる

3つの条件が満たされれば、まず根を出し、次に芽を出して順調に育っていく

発芽不良の原因を調べる方法

うまく芽が出なかったら、土を掘って種の状態を見ると原因がわかる。

まいたときと変わらない

水分が足りずに、休眠から目覚めることができなかった

膨らんでいる

吸水したものの、温度が高すぎるか低すぎるかで、発芽の態勢に入れなかった

根だけが出ている

吸水して発根したあとで乾き、芽を出すことができなかった

膨らんで腐っている

吸水したものの、多雨や水の与えすぎで酸素が不足し、生育が止まった

種のまき方

種のまき方には、「条まき」「点まき」「ばらまき」の3つの方法があります。
栽培する野菜に適したまき方と手順を確認しておきましょう。
覆土の厚さは、種の直径の2〜3倍を目安にします。

条《すじ》まき

直線状のまき溝を作り、等間隔で種をまく方法。コマツナやホウレンソウなどの軟弱野菜や、ニンジン、小カブなどの比較的小さな根菜類に。

1 畝の表面を平らにならし、板切れなどで野菜の種類に合った深さのまき溝を作る

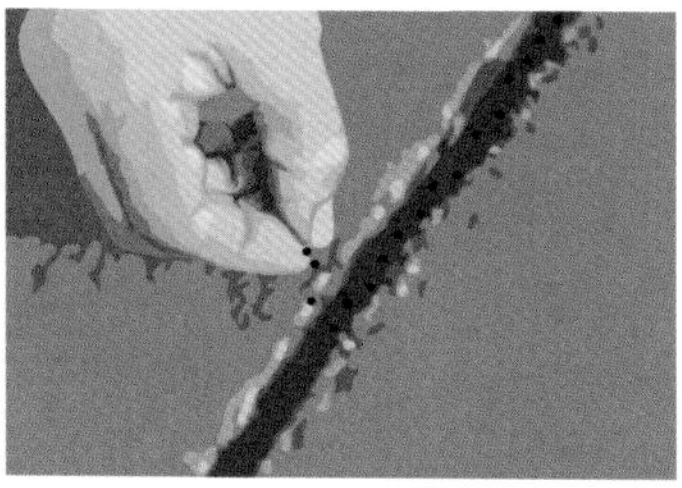

2 一定の間隔で、溝に種をまく。種の間隔は野菜によって異なる

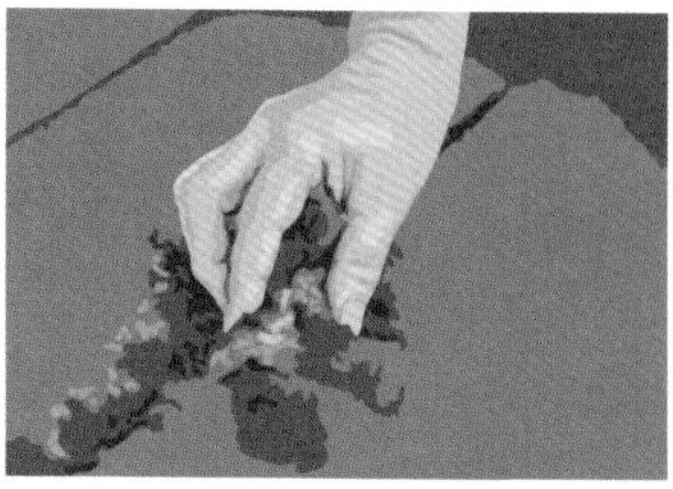

3 溝の両側からつまむようにして土をかけ、上から手のひらでかるく押さえる

点まき

一定の間隔でまき穴を作り、数粒ずつ種をまく方法。ダイコン、エンドウ、トウモロコシなど、比較的大きく育ち、広い株間が必要な野菜に。

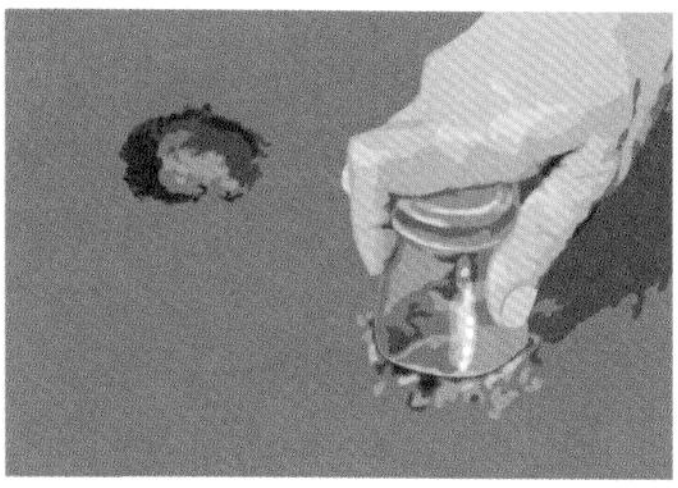

1 平らにならした畝に、瓶などの底を押し当てて野菜の種類に合った深さの植え穴を作る

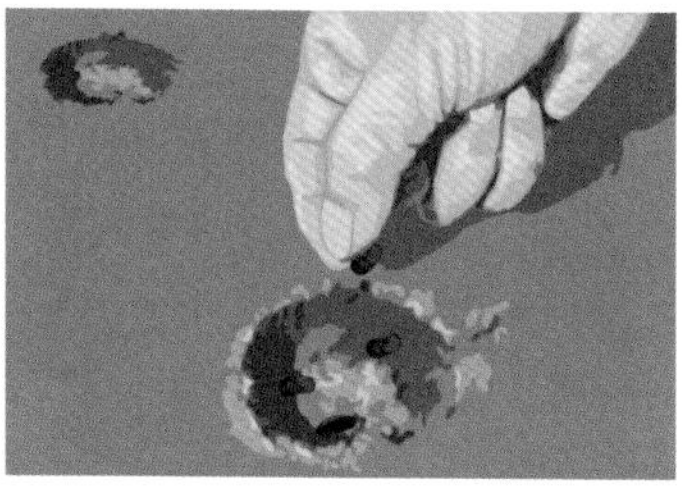

2 種が重ならないように、1穴に数粒の種をまく。まき数は野菜によって異なる

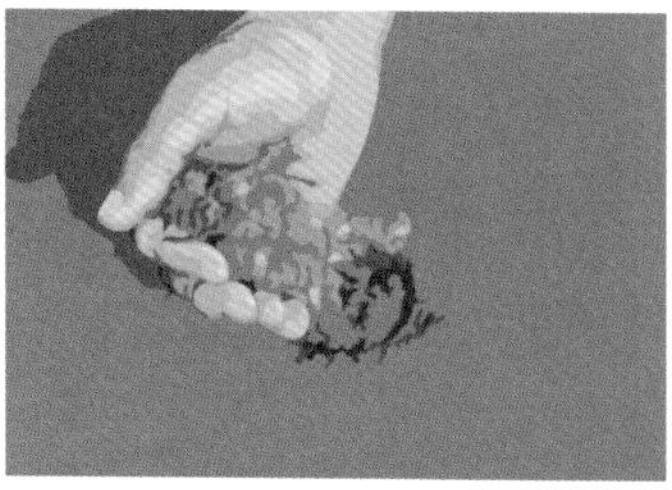

3 まき穴のまわりの土をかけて覆土し、手のひらで軽く押さえて、土と種を密着させる

ばらまき

畝全体に種をまく方法。株が小さく、密植できるコマツナなどの軟弱野菜や小カブなどを、間引き収穫したいときに。

1 平らにならした畝の上に、野菜の種類に合った間隔で、まんべんなく種をばらまく

2 上から土をかけて覆土する。ふるいを使うと、均一にかけることができる

3 鍬や手のひらなどでかるく押さえ、土と種を密着させる

間引きでよい株を残す

間引きとは、株の生育に合わせて株を抜き取り、株間をあけていく作業です。まいた種のすべてが発芽するとはかぎらず、発芽後に病害虫の被害に遭ったり、生育不良になったりする株が出ることを見越して多めに種をまくため、必要になります。間引かずにいると、生育するにしたがって、日光や肥料分を奪い合い、株の生長がバラバラになります。

最近の品種は、発芽率が非常に高くなっており、プロの農家は間引きをしなくなっています。家庭菜園でも、生育の悪い株や病害虫の被害に遭った株を中心に、2回ほど間引けば十分です。遺伝的な形質にばらつきがある在来種*の場合は、3回ほど間引きを行い、品種本来の形質をもつ株を残していきましょう。

間引きをした場合としなかった場合

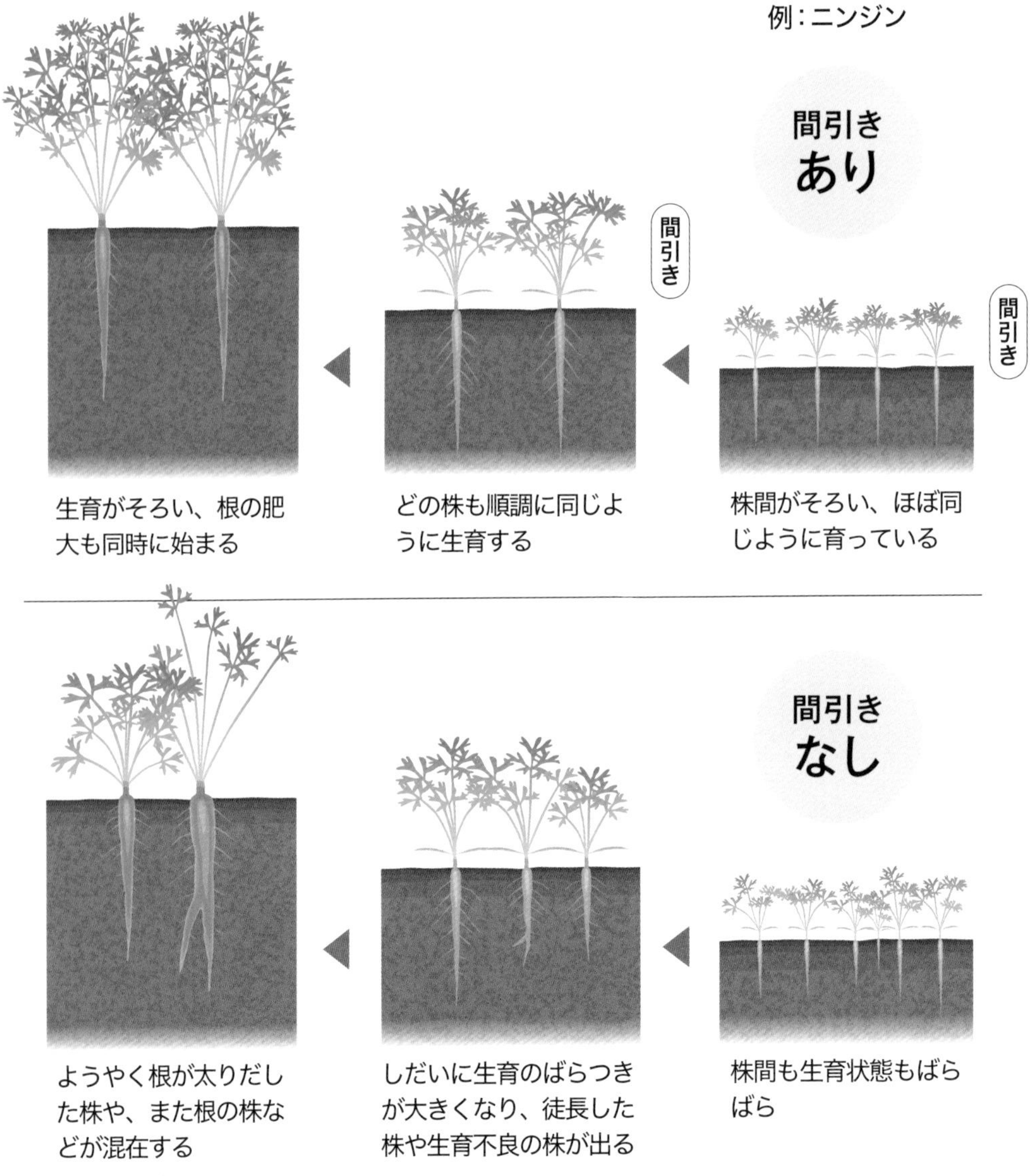
例：ニンジン
間引き あり
間引き
間引き
株間がそろい、ほぼ同じように育っている
どの株も順調に同じように生育する
生育がそろい、根の肥大も同時に始まる
間引き なし
株間も生育状態もばらばら
しだいに生育のばらつきが大きくなり、徒長した株や生育不良の株が出る
ようやく根が太りだした株や、また根の株などが混在する

＊在来種　特定の地域で代々受け継がれ、その地域の気候風土や環境に適応した種類

間引きの方法

点まき　例：ダイコン

1穴に3粒ほどまく

1回め　本葉1～2枚で2本にする。間引くのは、病害虫の被害に遭った株や生育が劣っている株

2回め　本葉4～6枚で1本にする。引き抜くと、隣の株を傷めそうなときは、株元からはさみで切るとよい

間引きの目安

野菜名	株間	種のまき数	間引き
チンゲンサイ	12～15cm	3～4粒	本葉2～3枚で1本に
トウモロコシ	30cm	3～4粒	本葉3～4枚で1本に
オクラ	15～20cm	5～6粒	本葉1～2枚で2～4本に
エダマメ	15～30cm	3～4粒	初生葉展開～本葉2枚までに1～2本に

条《すじ》まき　例：小カブ

3～4cm間隔でまく

1回め　本葉2～3枚で、病害虫の被害に遭った株、生育が劣っている株などから間引いて、5～6cm間隔にする

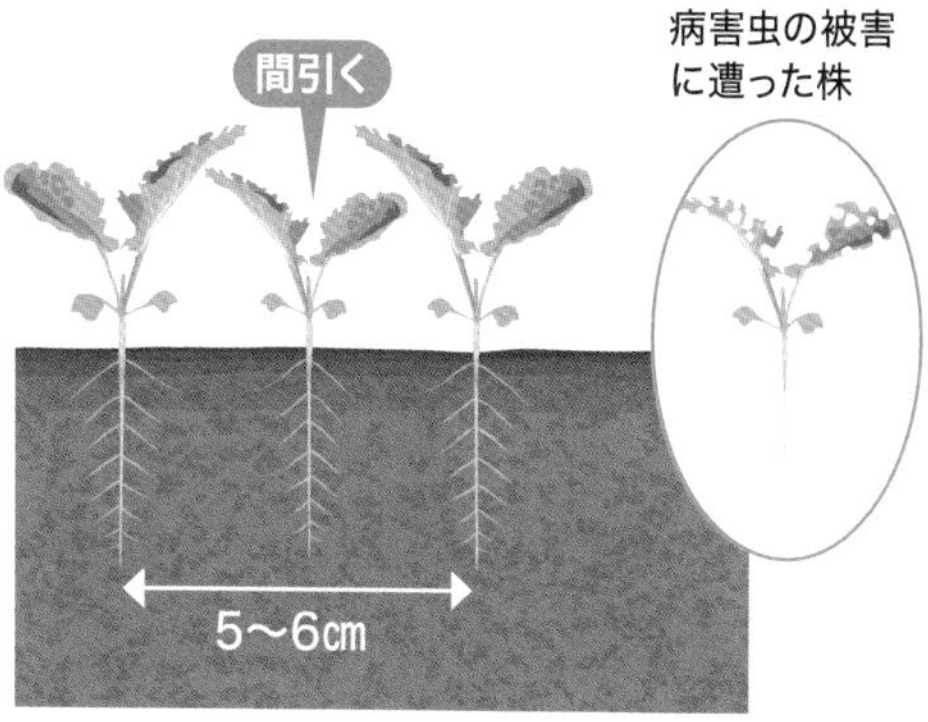

2回め　本葉5～6枚で最終株間（10～12cm）に間引く。間引く株は1回めと同じ

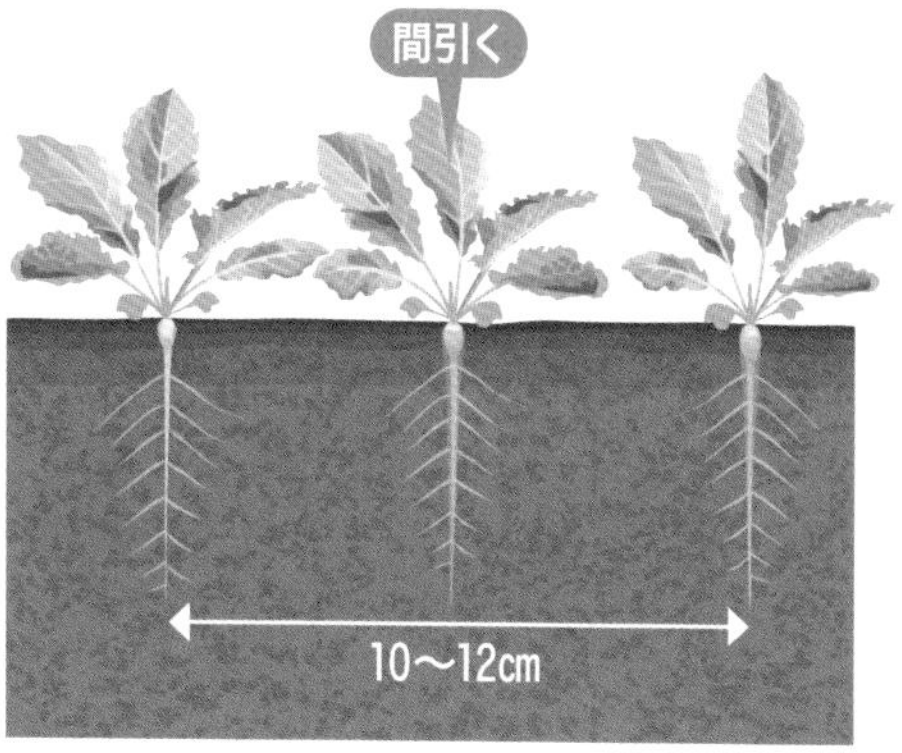

間引きの目安

野菜名	間引き1回め	間引き2回め
ホウレンソウ	本葉が出始めたら、混み合っているところを間引く	草丈7～8cmで5cm間隔に
コマツナ	子葉が展開したら1～2cm間隔に	本葉2～3枚で3～4cm間隔に
ニンジン	本葉2～3枚で3～4cm間隔に	本葉5～6枚で6～8cm間隔に

よい苗の選び方

ナスなどの果菜類や、葉菜類でも栽培期間が長いキャベツなどは、多くの場合、育苗してから畑に植えつけます。こうしたタイプの野菜は、苗の入手が可能。よい苗を選ぶポイントは4つです。下の図を参考に、株をよく見て選びましょう。

最近では、植えつけ適期のかなり前から、苗が店頭に並ぶようになりました。適期によい苗を入手して、すぐに植えつけるのがいちばんですが、早く入手した場合は、そのままにすると、根詰まりして老化苗になります。ひと回り大きなポットに、根鉢を崩さないようにそっと移し、夏野菜の場合は、軒下など、霜が当たらない日当たりのよい場所で管理します。株の状態を見ながら、必要に応じて追肥をしましょう。

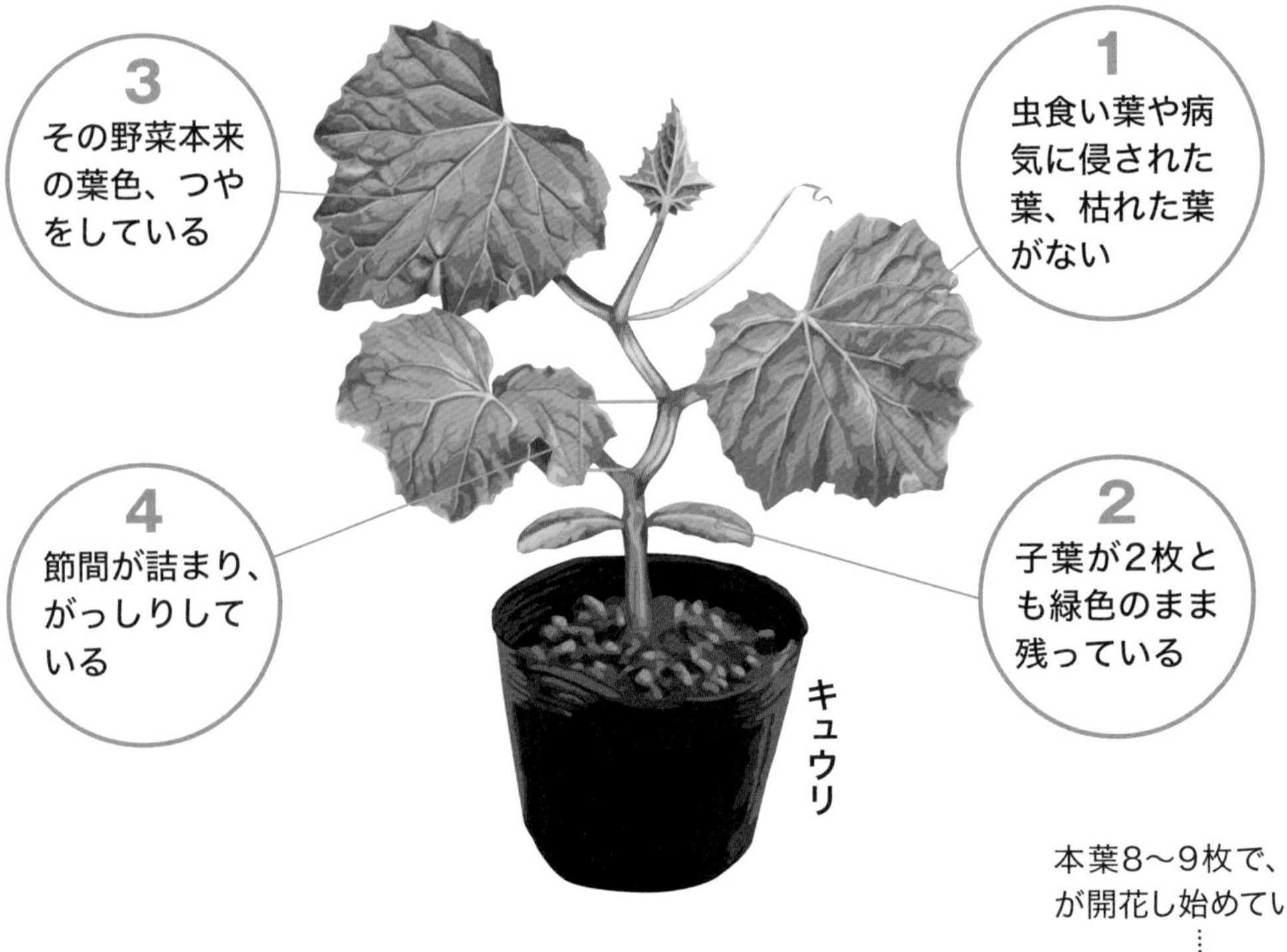
1
虫食い葉や病気に侵された葉、枯れた葉がない
2
子葉が2枚とも緑色のまま残っている
3
その野菜本来の葉色、つやをしている
4
節間が詰まり、がっしりしている
キュウリ

植えつけに適した段階の苗

キュウリ	本葉が3枚程度
ナス	本葉8～9枚で、1番花が開花直前
ピーマン	本葉12～13枚で、1番花が開花直前
スイカ	本葉が4～5枚

本葉が4～5枚
キャベツ
セル苗の場合は、本葉3～4枚

本葉8～9枚で、第1花房が開花し始めている
トマト

苗の植えつけで注意すること

苗の植えつけ時にたいせつなのは、植えた場所でできるだけ早く生育を開始させることです。これを「活着」といいます。葉がしおれたり、苗がぐらついたりすると活着が遅れるので、植えつけはできるだけ風のない日におこないます。また、しおれを防ぐために、植えつけ前に苗にたっぷり水やりすることも重要です。

根を切ると活着が悪くなるので、根鉢を崩さないように、そっとポットから出し、深さにも注意して植えつけましょう。

高温性の夏野菜を植えつけるときは、植えつけの1～2週間前にマルチフィルムを張って地温を上げ、植えつけもできるだけ暖かい日におこないます。フィルムには、土の水分量を保つ効果もあります。

植えつけ前にしっかり水やりする

泡が出なくなるまで、バケツの水にポットごと苗をつける。4～5秒ぐらいが目安

バケツにつけられないセル苗の場合は、上から水をかけてもよい

植えつけの深さに注意

地面と苗土の表面をそろえて植える。深植えすると、株元の通気性が悪くなり、病気が出やすくなる。とくにウリ科野菜で注意

接ぎ木苗

接ぎ木苗は、接いだ部分がかならず土の上に出るように植える

キャベツなどのセル苗

キャベツやブロッコリーのセル苗は茎が細く、風で折れやすいので、子葉のつけ根まで土の中に入れる

自分で苗づくりするには

苗づくりするメリット

シーズンになると、さまざまな野菜の苗が店頭に並びますが、入手できる品種は限られます。自分で種をまけば、品種選択の幅が広がるので、作ってみたい品種があるなら、苗づくりから始めるとよいでしょう。

そのほか、自分で育苗すれば、キュウリやナスなどの「ずらし栽培」も可能になります。ずらし栽培とは、何回かに分けて、時期をずらしながら栽培する方法で、キュウリのように株の寿命が短い野菜では、ずらし栽培をすることで、長期間の収穫が可能になります。

大量に苗が欲しい場合も、苗を入手するよりも、種をまいて育苗するほうが経済的です。

育苗する野菜

じかまきせずに育苗するのは、一般にトマトやキュウリなどの果菜類、栽培期間が長いキャベツやブロッコリーなどの葉菜類などです（下表）。

種まき後の管理

種をまいたあとは、発芽や生育にふさわしい温度管理をします。夏の果菜類の種を2～3月にまく場合は、加温が必要です。レタスやキャベツの種を夏にまく場合は、風通しのよい涼しい場所で管理します。

水切れに注意し、発芽後は十分に日光に当てます。株の様子をよく観察し、子葉や下葉の緑色が淡くなってきたら、水やり代わりに液体肥料を施しましょう。

必要な資材

培養土
市販の野菜用培養土（肥料入り）を用意する

セルトレイ
さまざまな穴数があるが、128穴が使いやすい

ポリポット
直径9～10.5㎝のものを用意する

育苗する主な野菜

果菜類	トマト、ナス、キュウリ、スイカ、ズッキーニなど、ほぼすべての種類
葉菜類	キャベツ、ハクサイ、レタス、ブロッコリー、ハクサイなど、結球するものや花蕾を収穫する種類
マメ類	ソラマメ*

＊じかまきもおこなわれるが、育苗すれば、致命的になりかねない生育初期のアブラムシの被害が防げる

セルトレイによる育苗

狭いスペースでたくさんの苗が作れて、培養土の量も少なくてすみます。同じ野菜苗をたくさん必要としない家庭菜園では、1つのトレイに、数種類の種をまくとよいでしょう。

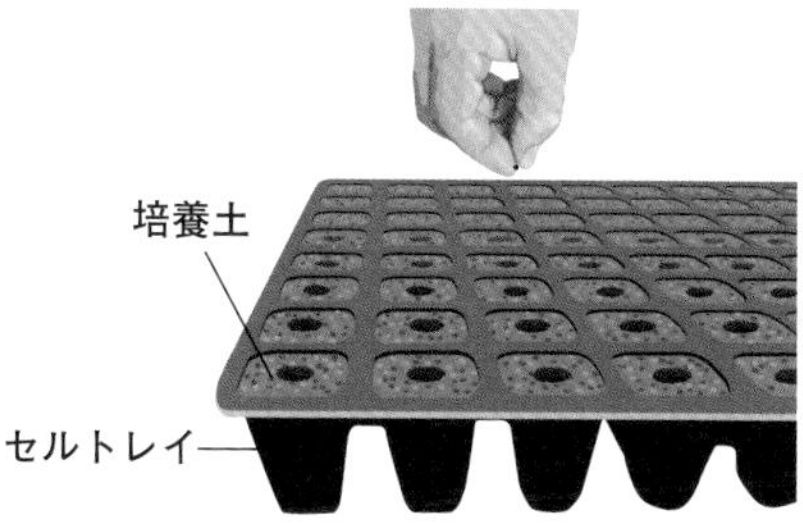

1 トレイに培養土をまんべんなく入れ、深さ0.8～1cmほどのまき穴をあけ、1か所に1粒ずつ種をまく。欠株に備え、必要な株数より3割ほど多くまく

2 上から土をかけ、表面を平らにならすようにして覆土する。土が流れないよう水流を弱くして、上からたっぷり水やりする

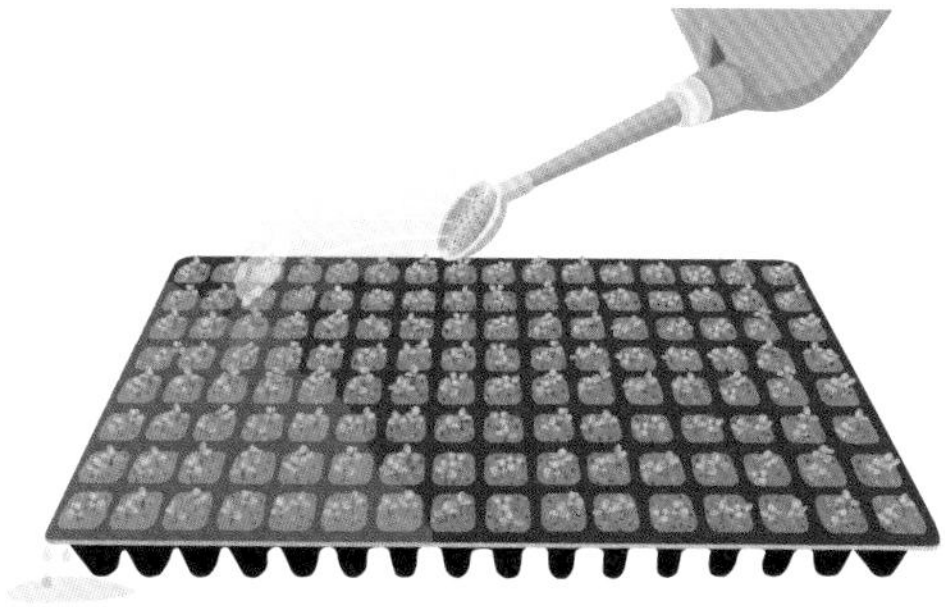

3 発芽後は日当たりのよい場所で管理。雨の日以外は午前中に水やり。2週間後から1週間に1回、液体肥料を与える

4 果菜類は、本葉1～3枚で直径9～10.5cmのポリポットに移植。培養土を入れ、まん中に指で穴をあけて植えつける。キャベツなどは、本葉3～4枚で畑に直接植えつける

果菜類のポットまき

果菜類はポットまきもできます。必要な株数が少ない場合におすすめ。

ポット上げの手間がなく、土の量が多いので、水やりや追肥の回数も少なくてすみます。

1 ポリポットに培養土を入れ、0.8～1cmほどの深さに種を3粒ほどまく。覆土したらたっぷり水やりする

2 発芽後は日当たりのよい場所で管理。野菜に合った時期に、間引いて1本にする

間引きの時期

トマト、ナス、ピーマンなど	本葉1～2枚
キュウリ、カボチャなど	子葉展開時～本葉1枚

3 下葉の色が淡くなってきたら、水やり代わりに液体肥料を与えつつ、植えつけにふさわしい大きさになるまで育てる

支柱立ての種類と方法

支柱を立てる必要があるのは、まずはトマトやナスなど、草丈が高くなり、多くの果実をつける果菜類です。果実や茎葉の重さで倒れないように、支柱に茎や枝を誘引します。つる性で自立できないキュウリやゴーヤーのように、つるを立体栽培する場合も、支柱やネットへの誘引が必要です。

支柱に茎や枝を誘引すると、風通しや日当たりがよくなって、野菜の生育がよくなる、ナスなどでは、枝を支柱に誘引していくことで、支柱が目印になって整枝がしやすくなるといったメリットもあります。

野菜の種類や仕立て方、植え方（1条植えか、2条植えか）などを考慮して、ふさわしい立て方を選びましょう。

支柱の種類

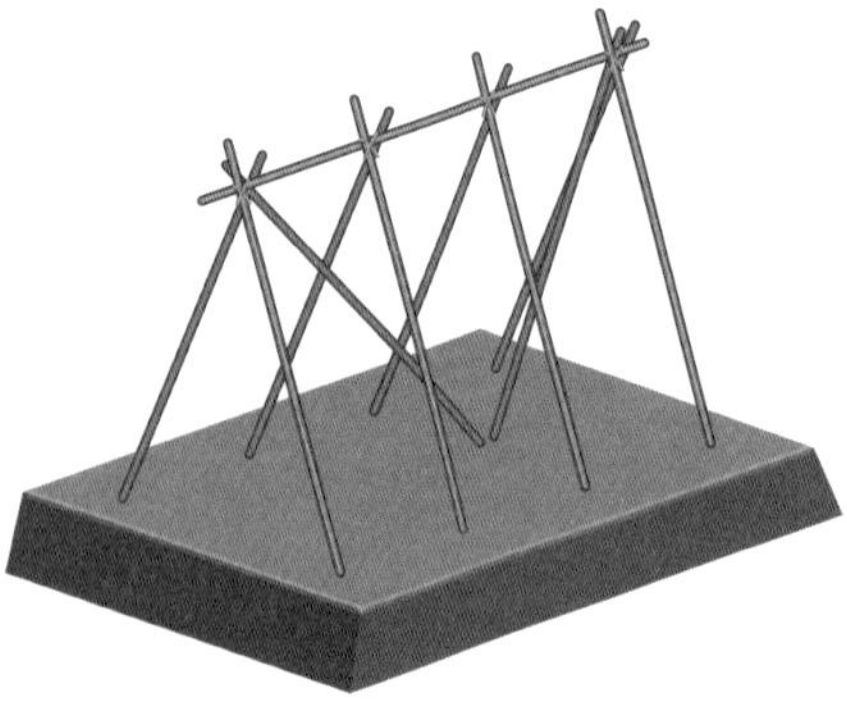

合掌式

2本の支柱を高い位置で交差させ、横に支柱を渡す方法。頑丈なので、草丈が高くなる果菜類を2条植えするときに向いている

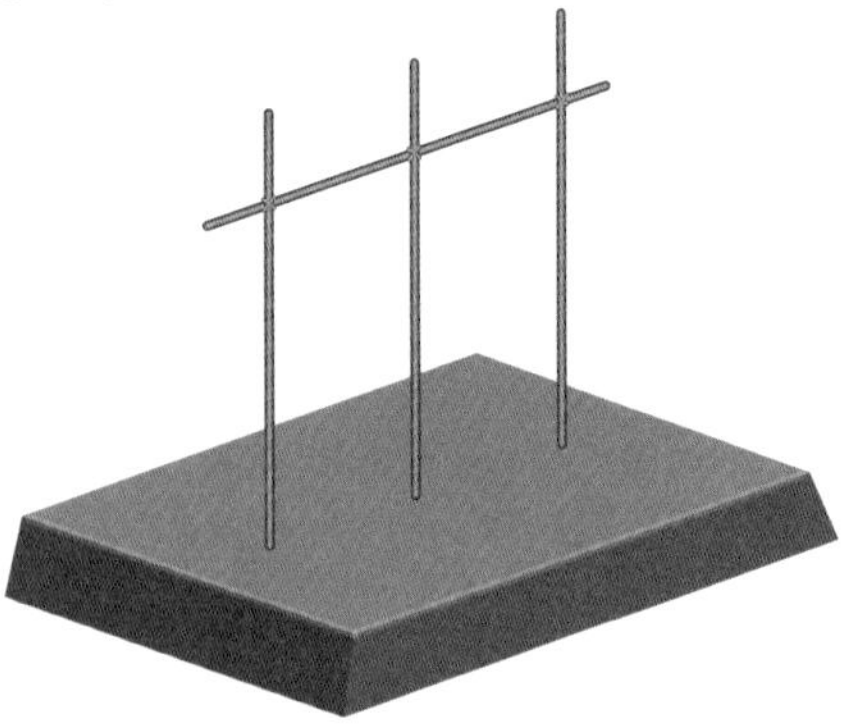

直立式

株のわきに支柱をまっすぐ立てる方法。単独で立てる場合もあれば、しっかりさせるために、横に支柱を渡して連結する場合もある

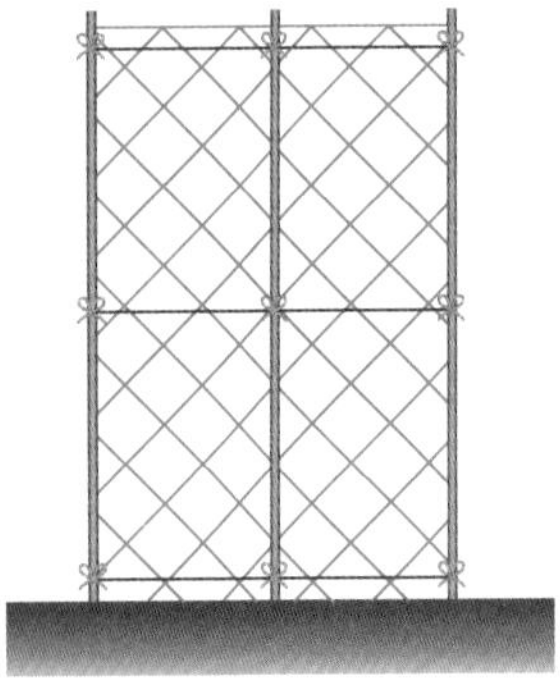

ネット支柱

直立式や合掌式支柱を立ててネットを張る方法。つる性の野菜を誘引するときに用いる

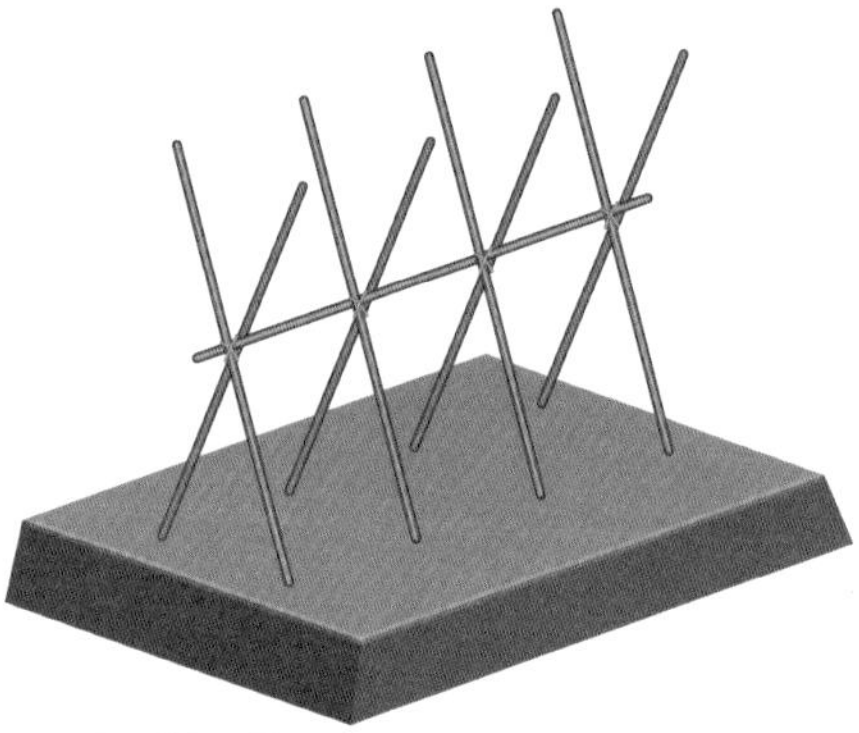

交差式

図のように2本の支柱を交差させるほか、3本を交差させる方法も。比較的草丈が低い野菜、草丈は高いが茎葉が軽い野菜に向く

合掌式支柱の立て方

草丈が高くなり、重量がある野菜を誘引するのに向く合掌式支柱。
強度を確実に確保するには、ひもを緩みなく、しっかり結ぶことがたいせつです。
さらに、両端に筋《すじ》交《か》いを入れて補強すれば、強風にもぐらつきません。

1 支柱を畝の脇に斜めに差し込み、上部で交差させる。差し込む深さは20～30cm

2 交差した支柱の上に、横支柱を渡して結束する

3 結束した部分の両端に、筋交いとして支柱を1本ずつ斜めに差して、しっかりと固定する

支柱の種類とふさわしい野菜

直立式	ピーマン、 つるありインゲン、 主枝1本仕立ての トマトやキュウリなど
交差式	つるありインゲン、 2～3本仕立ての ナスやピーマンなど
合掌式	キュウリ、 トマトなど
ネット支柱	キュウリ、 ゴーヤー、 サヤエンドウなど

支柱の選び方

支柱にはさまざまな種類がありますが、鋼管を樹脂で被膜したタイプが、軽くてさびにくく、家庭菜園にはおすすめです。直立式、交差式は、長さ1.5～2.1m、合掌式では2.1mを目安に、野菜の草丈よりもやや長めのものを選ぶとよいでしょう。

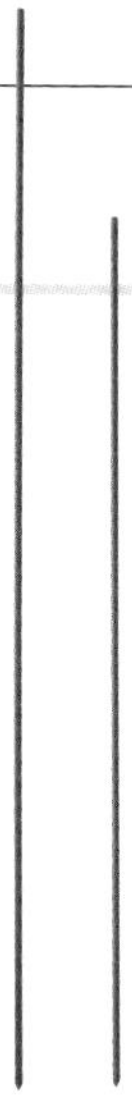

鋼管を樹脂で被膜した支柱は、軽くてさびにくい。節がついているものなら、誘引のためのひもが滑り落ちにくく便利

畑でも水やりは必要か？

根は水を求めて、みずから土の深いところまで伸びていくため、発芽したり、活着したりしたあとは、基本的に畑では水やりは不要です。しかし、夏場は話が別です。

サトイモのように水を好む野菜はもちろん、そのほかの野菜でも、雨のあとで晴天の日が2～5日も続けば、水やりが必要になります。

土の中の水分は、おもに葉からの蒸散と、地表面からの蒸発によって失われますが、どちらも夏場は消失量が多く、数日間雨が降らないと、供給が追いつかなくなるためです。

水が十分なら長く収穫できる

水が不足すると、しおれるだけではありません。植物は光合成によって養分を作り出していますが、水は

夏の畑では1日に500ℓの水が失われる（100㎡当たり）

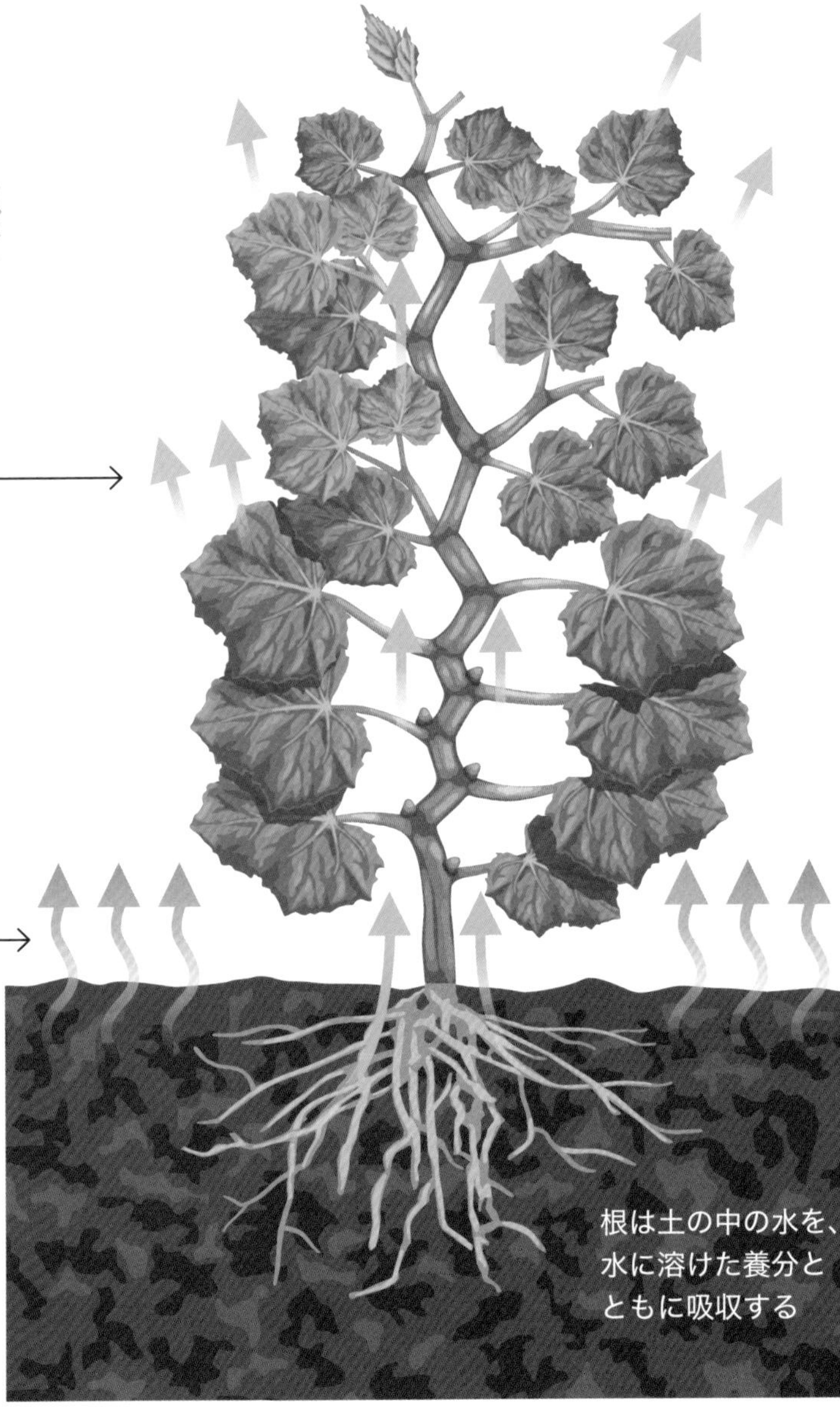
根は土の中の水を、
水に溶けた養分と
ともに吸収する

蒸散による消失

根から吸収された水分は、道管を通って運ばれ、葉の気孔から大気中に放出される（蒸散）。この蒸散によって、植物は体温を調節している。高温時には盛んに蒸散がおこなわれる

蒸発による消失

土の中の水分は、太陽に照らされることで、地表面から蒸発する。日ざしが強い夏場は、蒸発量も多い

光合成の材料の1つ。不足すれば、草勢が衰えてきます。

ナスは盛夏になると着果しにくくなるため、家庭菜園では更新剪定（67ページ）をおこない、夏のあいだ株を休ませるのが一般的です。しかし、夏のあいだも、水と肥料を定期的に与えることができれば、更新剪定をせずに収穫し続けられます。

キュウリはすぐに株が弱って、収穫できなくなりますが、定期的に水と肥料を与えれば草勢が維持され、品質のよい果実が長く収穫できます。

水やりは朝か夕方に

水やりは、午前10時ごろまでか、夕方におこないます。日中の暑い時間帯に水やりすると、根にお湯をかけたようになり根が傷みます。また、葉に水がかかれば、高温障害や病気の原因にもなりかねません。水は太い根が集まる株元などに、たっぷり与えましょう。量が少ないと、地中まで浸透する前に蒸発してしまうので、1か所に2ℓ以上が目安です。

野菜別 夏の水やり

野菜	ポイント	開始	頻度	方法
キュウリ	水不足は曲がり果や尻細り果の原因に	収穫が始まったら	夏のあいだ、晴れた日は毎日	1株2ℓ程度を株元に
ナス	水を安定供給できれば更新剪定は不要	梅雨明け後から	2〜3日おき	1株3ℓ程度を株元に。過湿による酸素不足に強いので、夕方、水を通路にたまるくらいまいてもよい
トマト	第3花房の開花までは水やりしない	第3花房が開花したら	乾湿の差が大きくならないよう、定期的におこなって適湿を保つ	1株2〜3ℓ程度を株元に
スイカ	追肥時に土が乾いていたら水やりする	着果した果実が鶏卵大《けいらんだい》になったとき	追肥のときのみ	1株5ℓ程度を追肥場所（つる先など）に
トウモロコシ	雌穂が出てきたら水切れさせない	雄穂が出てくる頃から	晴天が続いたら、2〜3日に1回	1株2ℓ程度を株元に
サトイモ	梅雨明け後の水切れは厳禁	葉が5〜6枚展開してから9月中旬まで	晴天が続いたら5〜7日に1回。砂質土では、少量を頻繁に与える	1㎡当たり20ℓを株元を中心に

摘芯の3つの目的

摘芯は整枝の一部

「摘芯」とは、枝の先端（生長点）を摘み取る作業です。多くは、果菜類でおこなわれる「整枝」の一環として使われます。

「整枝」とは、文字どおり株姿を整えることで、摘芯のほかに、芽かき、剪定、誘引などが含まれます。これらを組み合わせて、株姿を整えることで、株の中まで風や日光が入るようになります。その結果、病害虫の被害に遭いにくくなり、株も健全に育ちます。さらに草勢のバランスが維持されるため、品質のよい野菜をたくさん収穫するのに役立ちます。

摘芯の効果

では、「摘芯」にはどのような効果があるのでしょうか。

1 いっせいに側枝を出させる

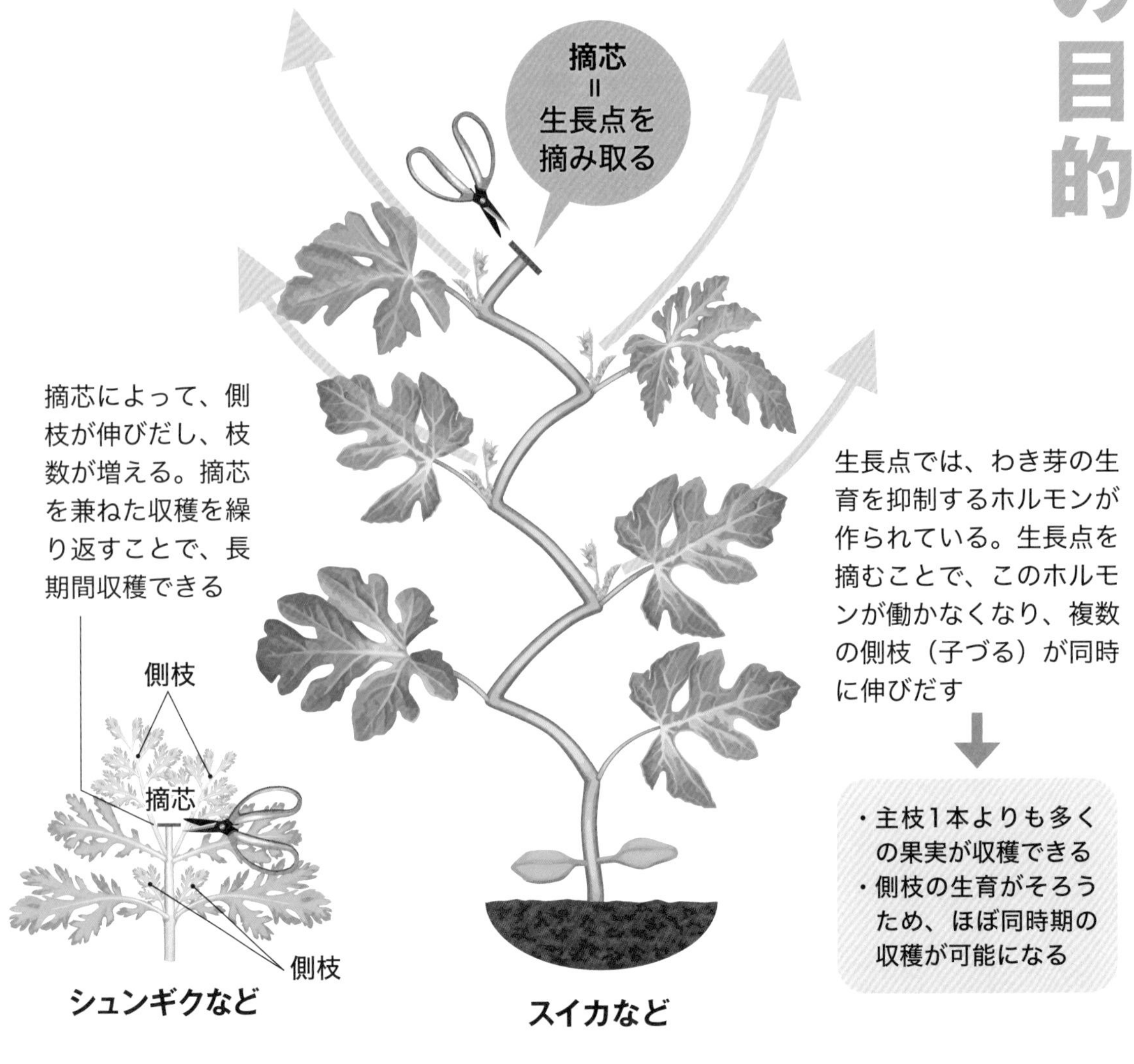
摘芯
=
生長点を
摘み取る
摘芯によって、側枝が伸びだし、枝数が増える。摘芯を兼ねた収穫を繰り返すことで、長期間収穫できる
側枝
摘芯
側枝
シュンギクなど
スイカなど
生長点では、わき芽の生育を抑制するホルモンが作られている。生長点を摘むことで、このホルモンが働かなくなり、複数の側枝（子づる）が同時に伸びだす
・主枝1本よりも多くの果実が収穫できる
・側枝の生育がそろうため、ほぼ同時期の収穫が可能になる

①いっせいに側枝を出させる　枝の先端を摘むことで側枝が出て、枝数が増えます。スイカなどの果菜類では、つるの数が増えて、収穫できる果実の数が多くなります。

シュンギクやナバナ類、青ジソなども、枝の先端を摘むことで側枝が出てきます。摘芯を兼ねてこれを収穫すると、ふたたび側枝が伸びだします。これを繰り返すことで、長期間の収穫が可能になります。ブロッコリーの頂花蕾を収穫したあとに、側花蕾が出てくるのも同じ理屈です。

②養分を果実や残った茎葉に振り向ける　生育に使える養分(同化産物)には限りがあります。伸ばす枝と伸ばさなくてもよい枝を分別し、後者を摘芯することで、限られた養分が果実や伸ばしたい茎葉（キュウリの場合は親づるなど）に振り向けられます。その結果、果実が肥大し、草勢も維持されます。

そのほか、**③草丈を制限する効果**もあります（下図）。

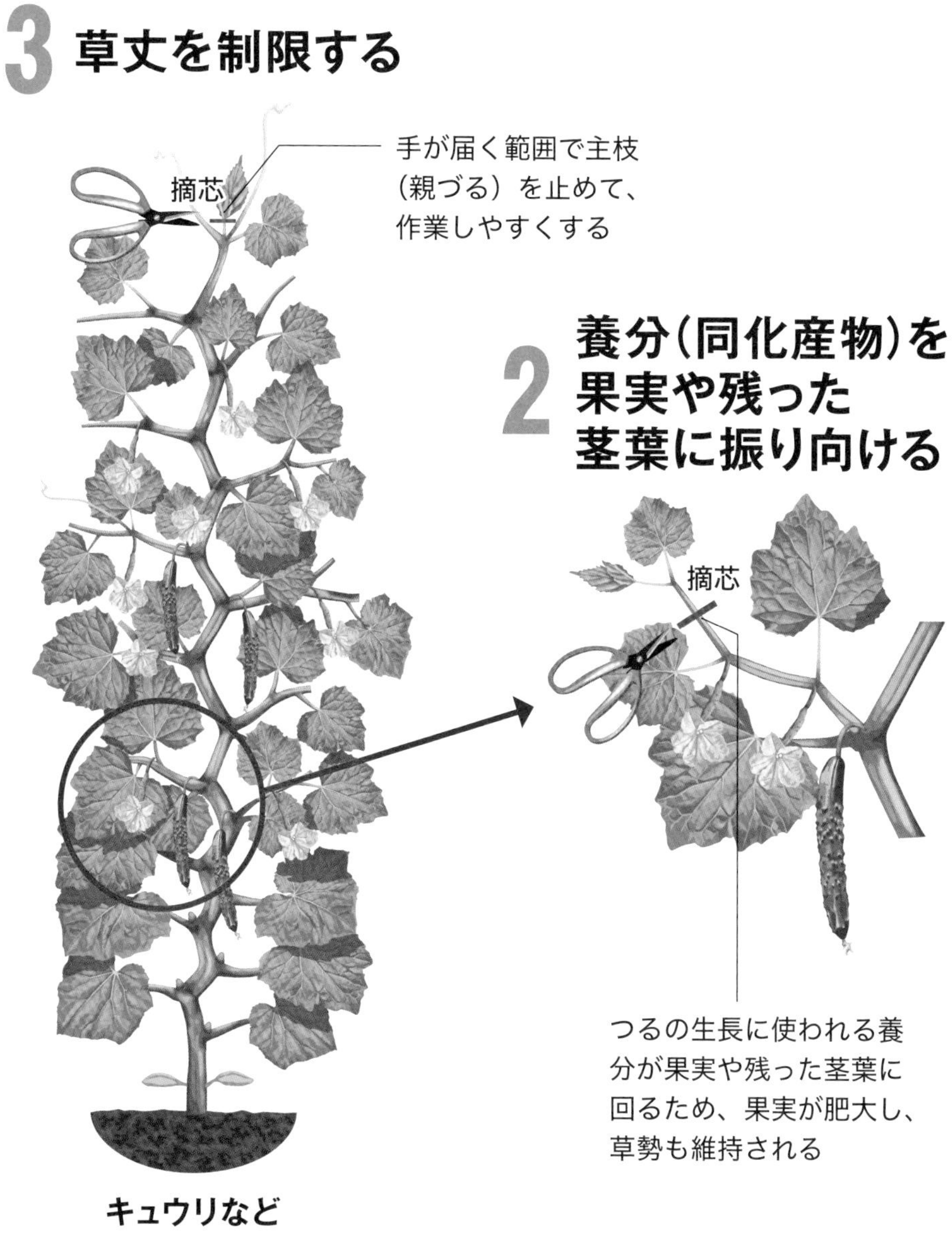
3 草丈を制限する
摘芯
手が届く範囲で主枝（親づる）を止めて、作業しやすくする
2 養分(同化産物)を果実や残った茎葉に振り向ける
摘芯
つるの生長に使われる養分が果実や残った茎葉に回るため、果実が肥大し、草勢も維持される
キュウリなど

摘果(花)、摘葉はなぜ必要?

摘果で草勢を維持する

着果すると、葉で作られた養分(同化産物)の多くが果実の肥大に使われ、茎葉に回らなくなります。その結果、茎葉の生育がおとろえがちです(着果負担)。とくに株が小さなうちは影響が大きく、株の寿命にも影響します。たとえばパプリカは、完熟果を収穫するため、着果による株への負担が大きく、2~3果くらいしか収穫できないことがよくあります。しかし、1~2番花を摘み取って養分を株の充実に回せば、長く収穫できるようになります。

そのほか摘果には、残した果実に養分を集中させることで、果実を大きくしたり、品質を高めたりする効果があります。

摘葉で病害虫の被害を防ぐ

株元近くの黄化した葉や、病害虫に侵された葉は、残しておいても、ほとんど光合成の役に立ちません。取り除くことで、風通しと日当たりがよくなり、病害虫の被害に遭いにくくなります。

摘果(花)

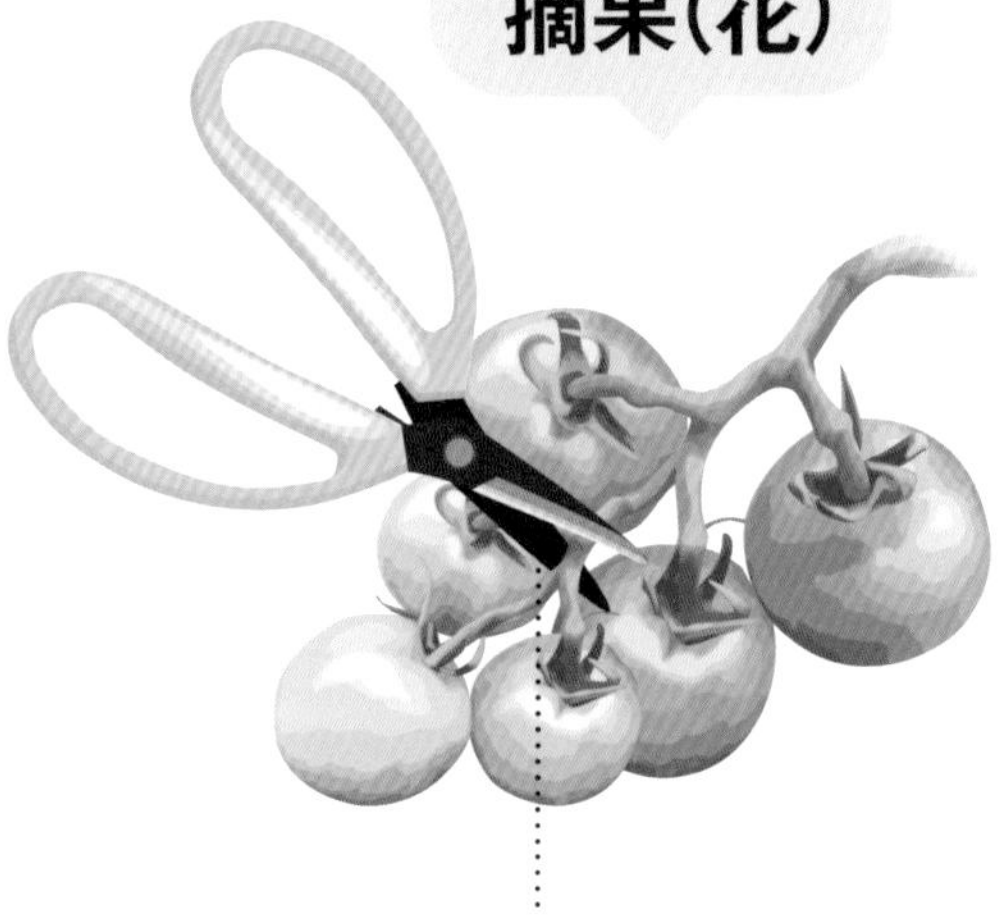

大玉トマトは1果房につき4~5個を残して先のほうの果実や、形が悪い果実を取り除く

摘葉

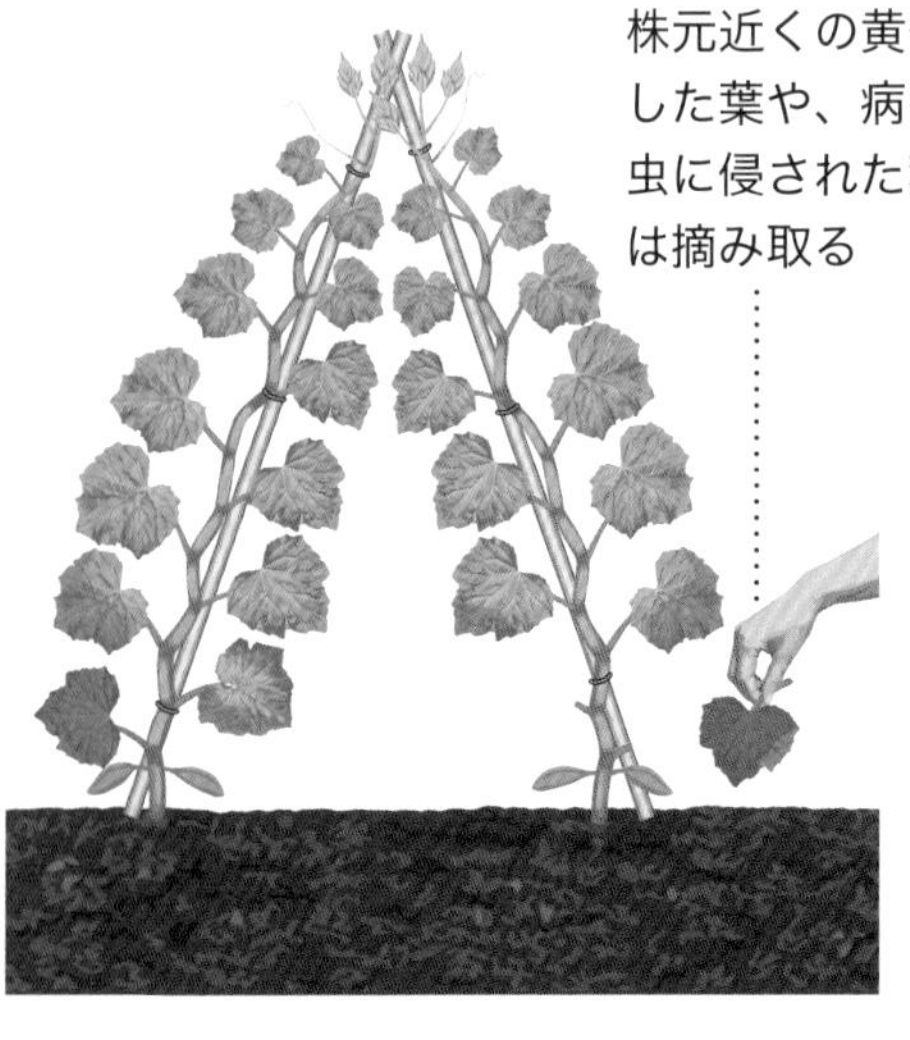

株元近くの黄化した葉や、病害虫に侵された葉は摘み取る

摘果(花)の方法

キュウリ	株元から5~6節の雌花は摘み取る
ズッキーニ	最初の雌花は摘み取る
パプリカ	1~2番花は摘み取る
ナス	1~2番果は小さめで収穫
スイカ	1株当たり2~3果を残して摘果する

人工授粉が必要な野菜

果菜類には、トマトやナスのように、1つの花の中に雌しべと雄しべがある「両性花」と、スイカやカボチャのように、雌花と雄花が分かれている「雌雄異花」があります。両性花は、花が風に揺れるだけでも受粉できますが、雌雄異花はミツバチの手助けなしに受粉することはできません。気温が低い時期や曇りの日、雨の日はミツバチの活動が鈍いので、人工授粉が必要になります。気温が高い時期でも、確実に着果させたい場合は、人工授粉をおこないます。

両性花でも人工授粉をおこなう野菜があります。その筆頭がメロンで、確実に受精させるために筆で花をかるくなでて授粉します。メロンには雄しべが退化した品種があり、この場合は人工授粉が必須です。

人工授粉の方法

作業のポイント

- 開花した日の午前10時までにおこなう
- 花粉はぬれると受精能力がなくなるので、雨にぬれていない花粉を使う
- 雄しべの先を爪にこすりつけて、花粉が出ているか確認する

雄花

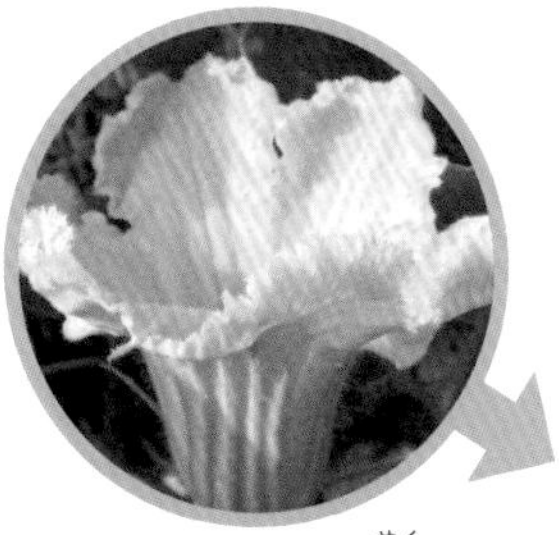

雄しべの先端の葯《やく》から花粉が出てくる

雌花

花のつけ根が丸く膨らんでいる

雄花を摘み取り、雄しべを雌花の柱頭（雌しべ）にこすり付ける。雄花の花弁を取って雄しべだけにすると作業しやすい。受精すると、雌花のつけ根の部分が肥大して果実になる。写真はカボチャの例

授粉日のラベルをつける

授粉を終えたら、ラベルに授粉日を書いて、果実のそばに付けておく。収穫の目安になる

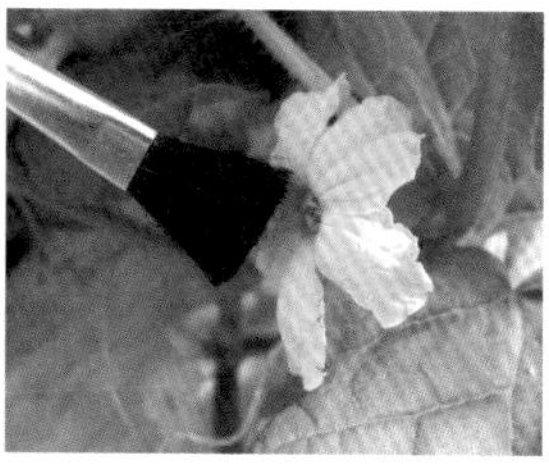

メロンの人工授粉

ほとんどの品種は両性花なので、筆で花をかるくなでて授粉する

トマト

野菜別 仕立て方のポイント

摘芯や芽かき、剪定、誘引などを組み合わせて整枝することで、株が弱ることなく、品質のよい果実がたくさん収穫できます。主な野菜の整枝方法を紹介しましょう。

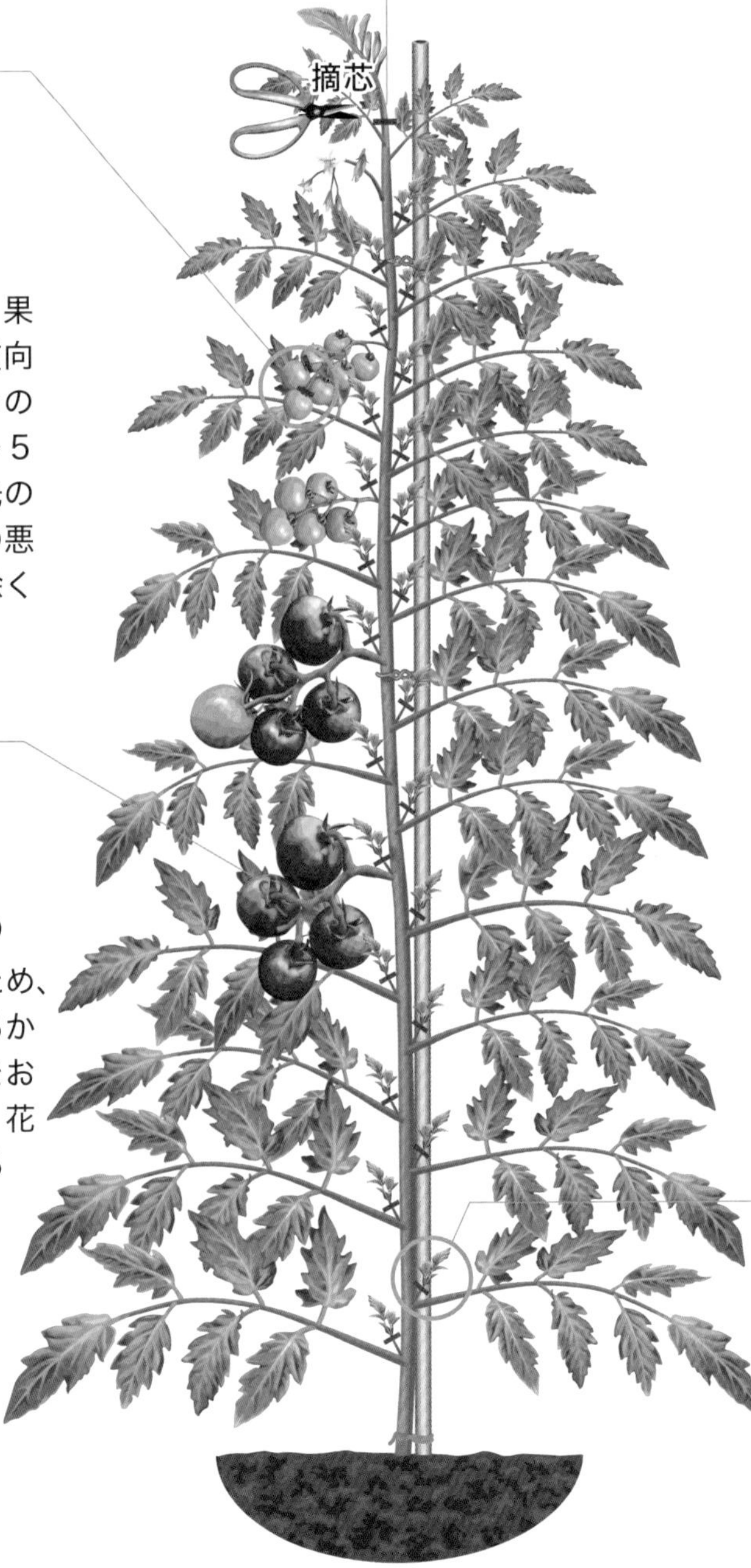

4
支柱の先まで届いたら摘芯
茎が支柱の先まで届いたら、いちばん上の果房の上に葉2枚を残して摘芯する

3
6果以上ついたら摘果する
草勢を維持し、果実の肥大と品質向上のため、1つの房につき、4～5果を残して、先の方の果実や形の悪い果実を取り除く

2
第1花房に確実に着果させる
過繁茂を防ぐため、手で花を揺するかホルモン処理をおこなって、第1花房に着果させる

1
すべてのわき芽をかく
葉のつけ根からわき芽が出てくるので、これをすべてかき取る

キュウリ

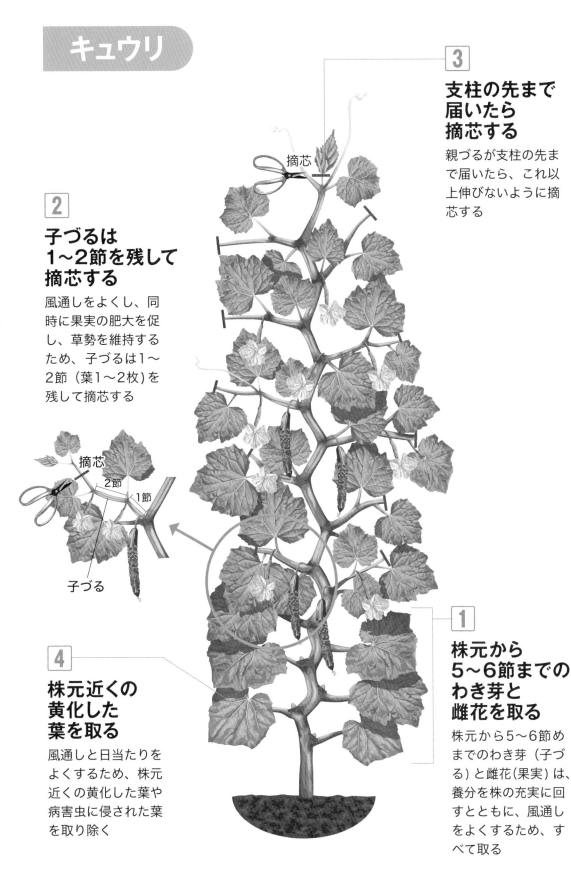

3 支柱の先まで届いたら摘芯する

親づるが支柱の先まで届いたら、これ以上伸びないように摘芯する

2 子づるは1～2節を残して摘芯する

風通しをよくし、同時に果実の肥大を促し、草勢を維持するため、子づるは1～2節（葉1～2枚）を残して摘芯する

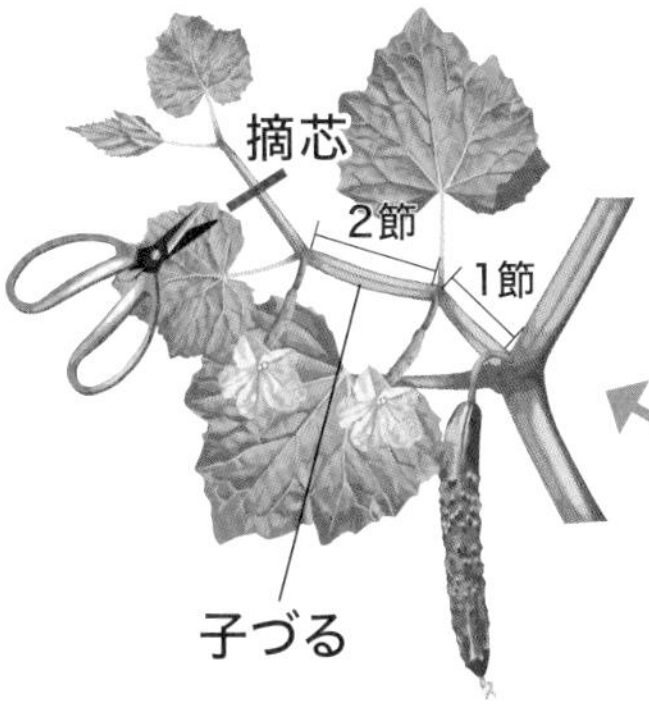

4 株元近くの黄化した葉を取る

風通しと日当たりをよくするため、株元近くの黄化した葉や病害虫に侵された葉を取り除く

1 株元から5～6節までのわき芽と雌花を取る

株元から5～6節めまでのわき芽（子づる）と雌花（果実）は、養分を株の充実に回すとともに、風通しをよくするため、すべて取る

スイカ

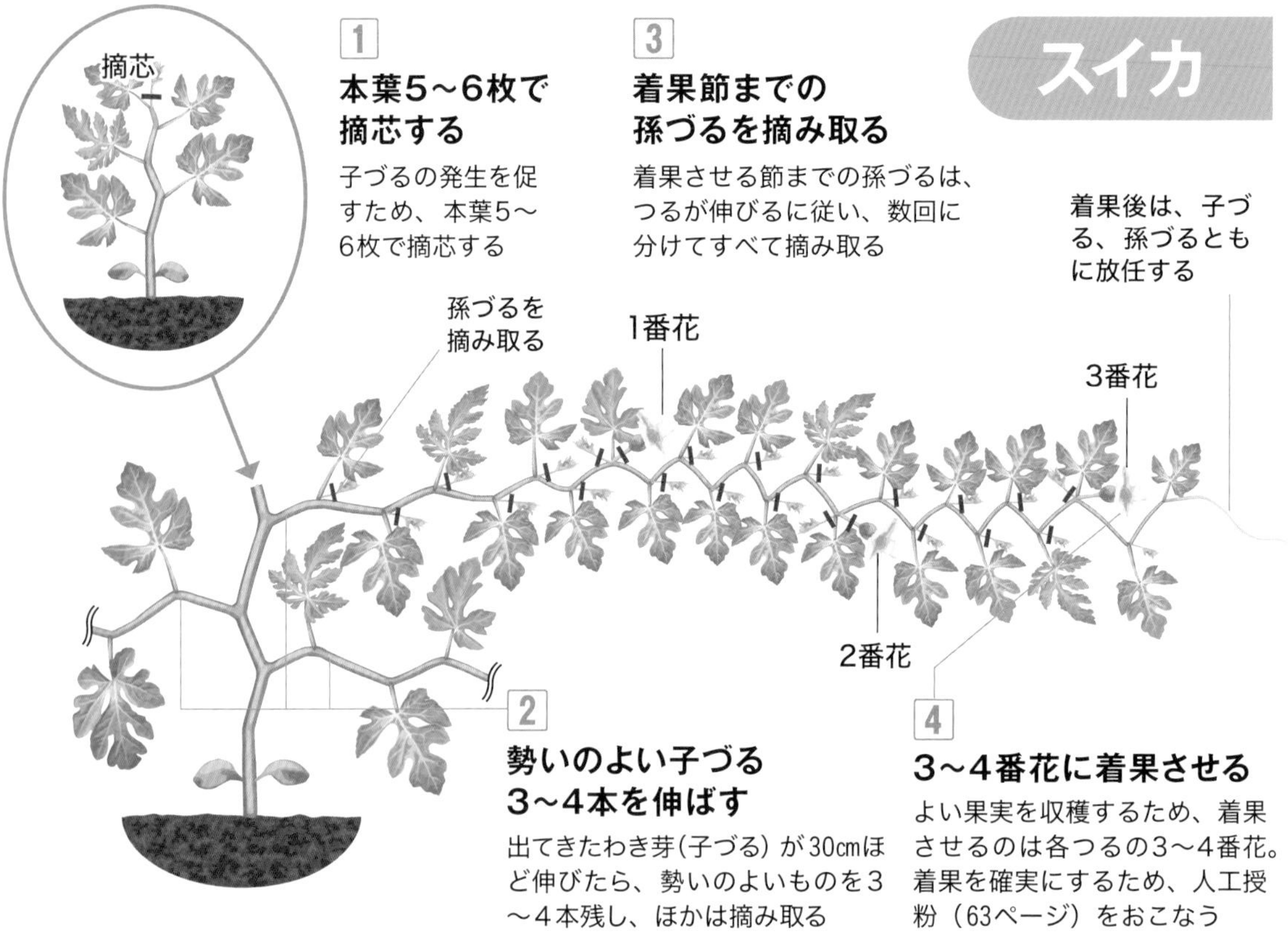

摘芯
孫づるを
摘み取る
1番花
着果後は、子づる、孫づるともに放任する
3番花
2番花

1

本葉5～6枚で摘芯する

子づるの発生を促すため、本葉5～6枚で摘芯する

2

勢いのよい子づる3～4本を伸ばす

出てきたわき芽(子づる) が30㎝ほど伸びたら、勢いのよいものを3～4本残し、ほかは摘み取る

3

着果節までの孫づるを摘み取る

着果させる節までの孫づるは、つるが伸びるに従い、数回に分けてすべて摘み取る

4

3～4番花に着果させる

よい果実を収穫するため、着果させるのは各つるの3～4番花。着果を確実にするため、人工授粉（63ページ）をおこなう

カボチャ

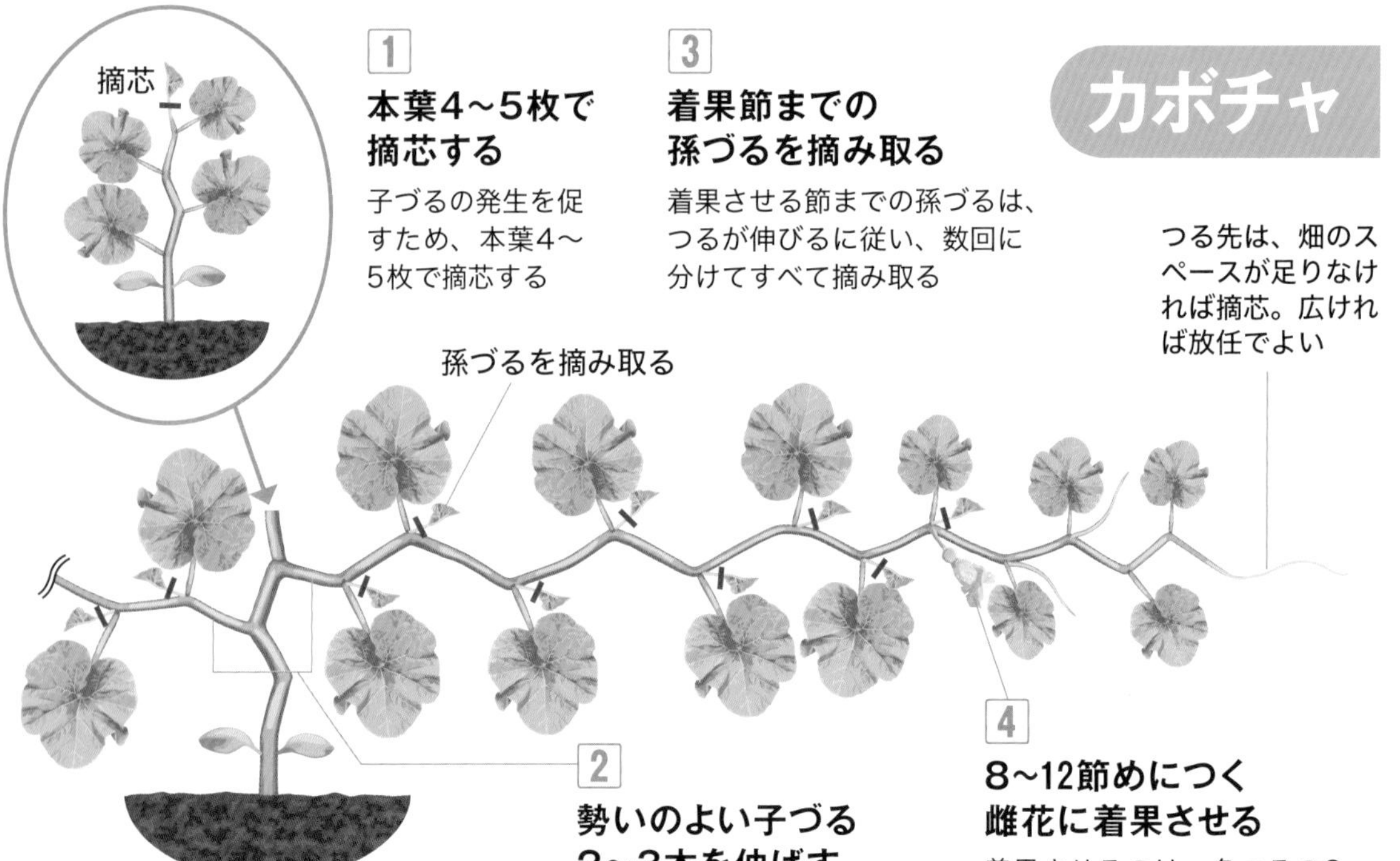

摘芯
孫づるを摘み取る
つる先は、畑のスペースが足りなければ摘芯。広ければ放任でよい

1

本葉4～5枚で摘芯する

子づるの発生を促すため、本葉4～5枚で摘芯する

2

勢いのよい子づる2～3本を伸ばす

わき芽（子づる）が伸びだしたら、勢いのよいものを2～3本残し、ほかは摘み取る

3

着果節までの孫づるを摘み取る

着果させる節までの孫づるは、つるが伸びるに従い、数回に分けてすべて摘み取る

4

8～12節めにつく雌花に着果させる

着果させるのは、各つるの8～12節めにつく雌花。着果を確実にするため、人工授粉（63ページ）をおこなう

ナス

1番花の下のわき芽2本を伸ばす

1番花の下のわき芽のうち、勢いのよいもの2本を残し、それ以外のわき芽をかき取る

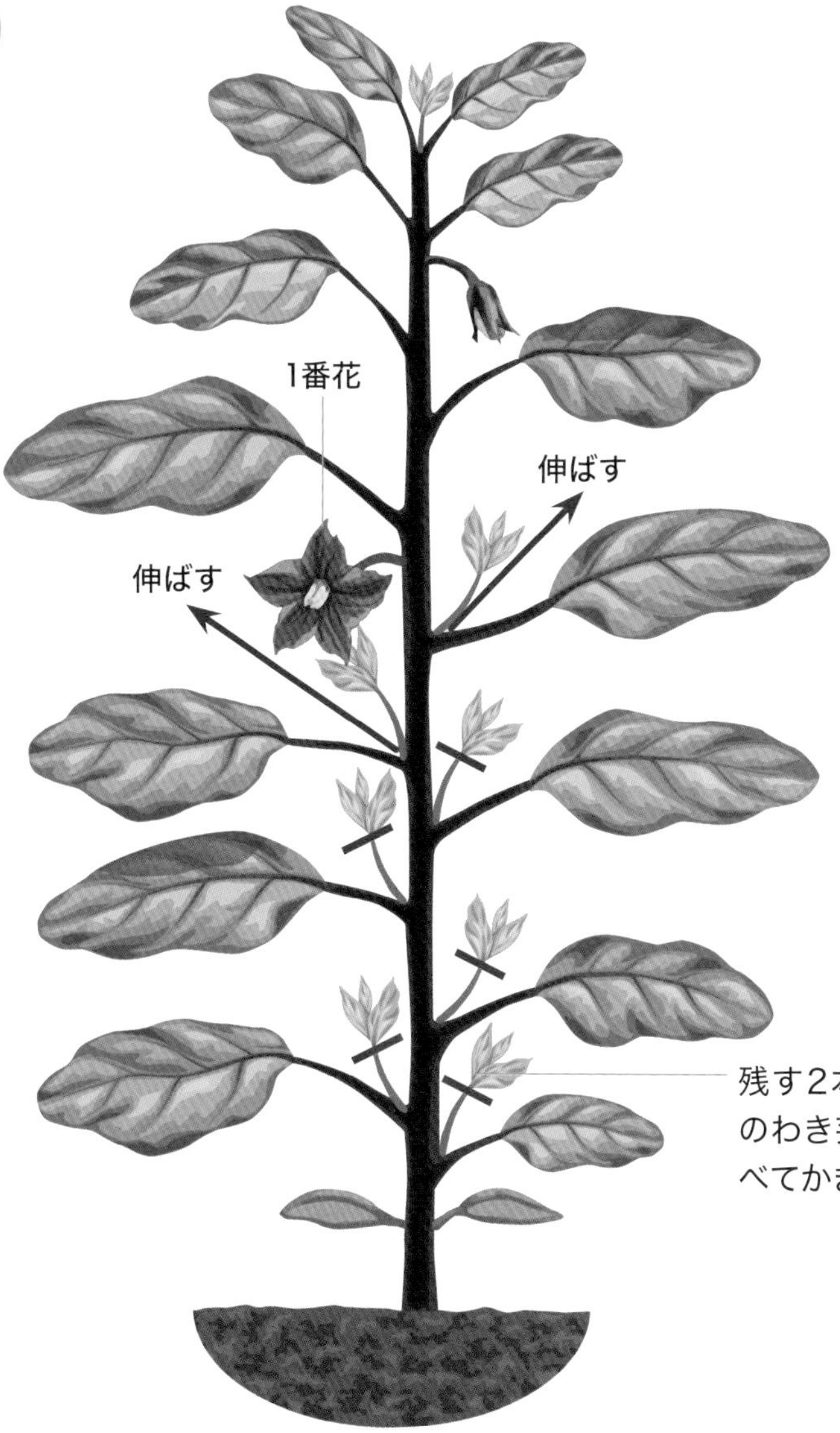
1番花
伸ばす
伸ばす
残す2本以外のわき芽はすべてかき取る

更新剪定

夏になり、実つきが悪くなったら7月下旬に枝を切り詰める。新しい枝が出て、秋にはふたたび収穫できるようになる

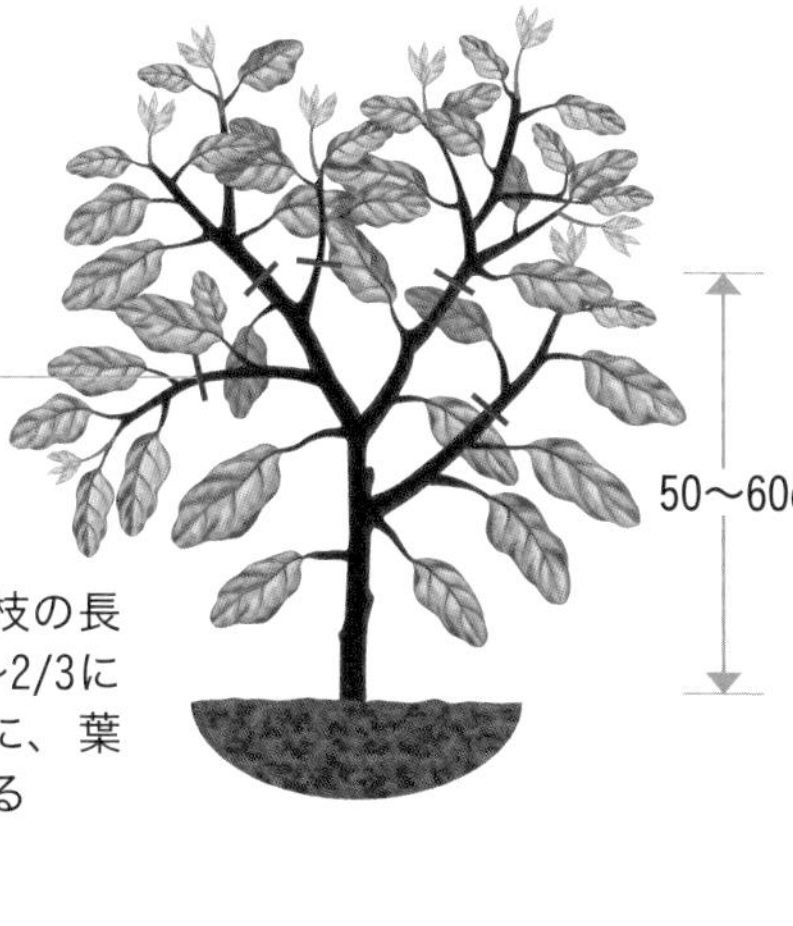
50〜60cm

すべての枝の長さが1/2〜2/3になるように、葉の上で切る

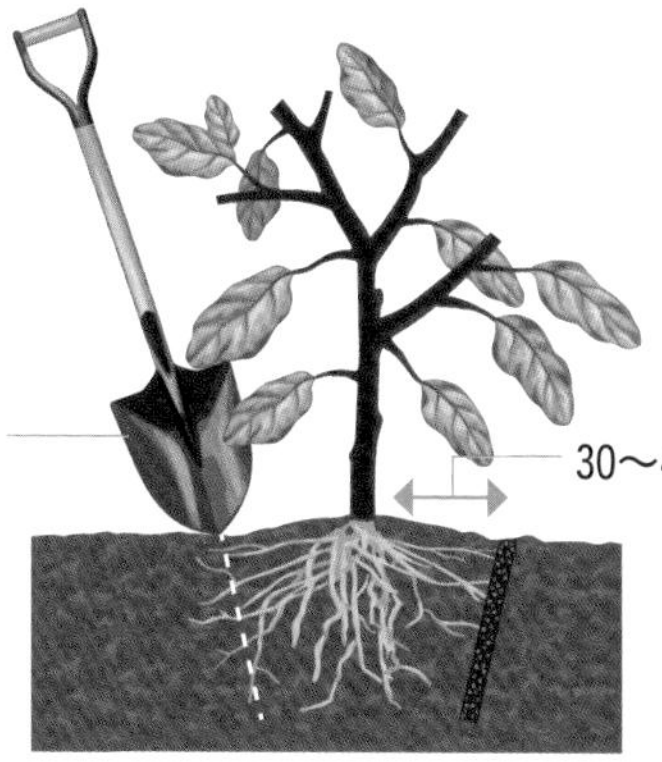
30〜40cm

スコップで根を切り、ショベルを差し込んだ隙間に肥料を施して、たっぷり水やりする

見た目と味を損なう生理障害

野菜の不調には、土の中の養分の過不足や土壌のコンディションなど、環境が原因となって引き起こされるものがあります。これを「生理障害」といいます。代表的な症状を紹介しましょう。

窒素の欠乏

下葉から葉色が薄くなり、株全体が弱々しく、葉も小さくなったら、窒素欠乏の可能性があります。窒素は、茎葉の生育に直結する要素です。とくに果菜類では、着果し始めると不足しやすくなります。

対策 応急処置としては、窒素を含む液体肥料か、1000~2000倍に水で薄めた尿素を施します。重症の場合は、200倍に薄めた尿素を葉面散布すると効果的です。

ふだんから元肥と追肥で、野菜ごとの窒素の必要量を施すことがたいせつです。窒素は雨によって流亡しやすいので、大雨のあとには追肥する、作付け時からマルチフィルムを張るなどの対策をとりましょう。

ホウ素の欠乏

ホウ素は新芽や根の生長に関わる要素です。ダイコンやカブの中が茶色くなったり、ブロッコリーの茎の表面にかさぶたのようなものができたりした場合は、ホウ素欠乏が疑われます。

対策 土の乾燥が原因で、ホウ素を吸収できていない可能性があるので、まずは水やりを。ホウ砂を水で300倍に薄めて、葉面散布するのも効果的です。ホウ素の必要量はごくわ

窒素欠乏

窒素が足りず、下葉が黄色くなってきたチンゲンサイ。全体的に弱々しく、葉も小さい

ホウ素欠乏

ホウ素の欠乏により、根の中が茶色く変色したダイコン。カブでも同様の症状が現れる

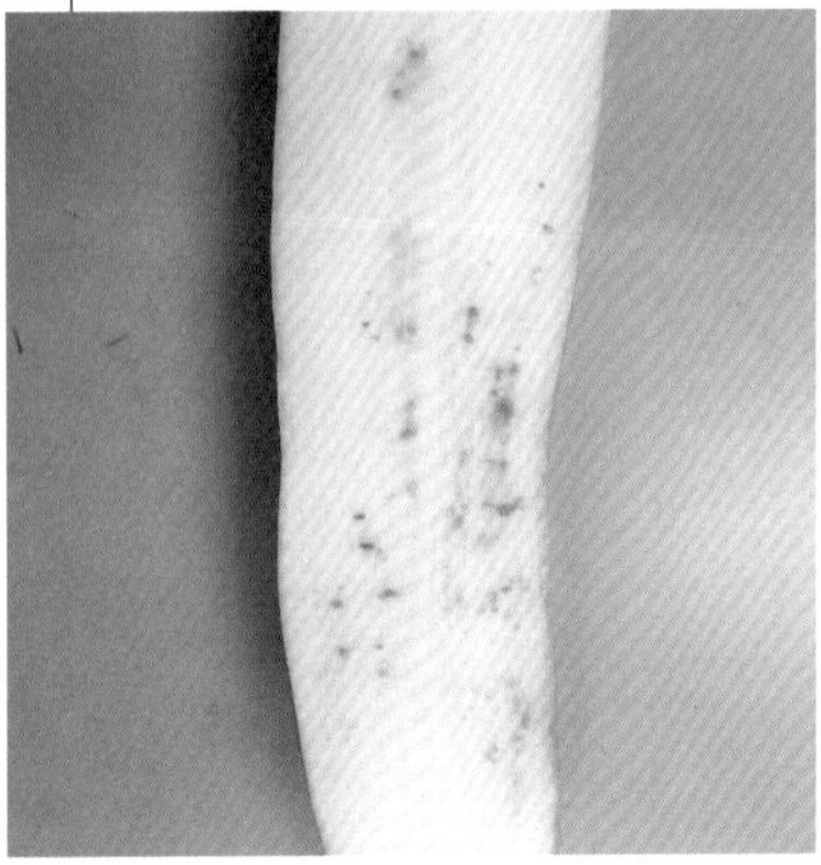

ずかです。過剰症状が出やすいので、慎重に施用しましょう。

ホウ素は、アルカリ性の土では水に溶けず、根が吸収できないので、石灰資材の入れすぎに注意。また、ホウ素の必要量が多いアブラナ科野菜を作るときは、ホウ素を含む微量要素複合肥料（FTEなど）を使うとよいでしょう。

カルシウム欠乏

キャベツやレタスの葉の縁が茶色く枯れた、トマトやピーマンの尻が腐ったといった症状が現れた場合は、カルシウム欠乏が疑われます。カルシウムは水とともに吸収され、蒸散の働きで植物体内を移動します。土の乾燥などで吸水が抑制されると、蒸散が少ない新芽や果実の先端部分などに欠乏症状が現れます。

対策 土の乾燥によって、土の中のカルシウムが吸収できていない可能性があるので、土が乾いていれば、まず水やりを。葉や果実にカルシウム剤を葉面散布するのも効果的です。

土が酸性に傾いている場合は、作付け前に石灰資材（カルシウム）を散布します。そのほか、窒素などの過剰で養分バランスが崩れた場合も吸収できなくなるので、ふだんから適切な施肥を心がけましょう。

また根

ダイコンやニンジンなどの根菜類の主根部分が、二股や三股になる症状です。未熟な有機物の施用によって増殖した微生物、土壌センチュウ、土壌病害虫などにより、主根の先端が傷つくことで発生します。湿害により主根が腐敗した場合も、また根になります。

対策 未熟な有機物は施用しないか、未熟であるなら作付けの1か月以上前に施すことが重要です。また、土壌病害虫が発生した畑には根菜類を作付けしないか、作付けするなら事前に太陽熱消毒などをおこないます。あわせて水はけの悪い畑では、高畝にするなど、水はけをよくする対策をとりましょう。

また根
三股になったダイコン。生育の初期から中期に、主根の先端が障害を受けると発生する

カルシウム欠乏（尻腐れ症）
カルシウム欠乏によって、尻の部分が黒く腐ってきたトマト。ピーマンでもよく起きる

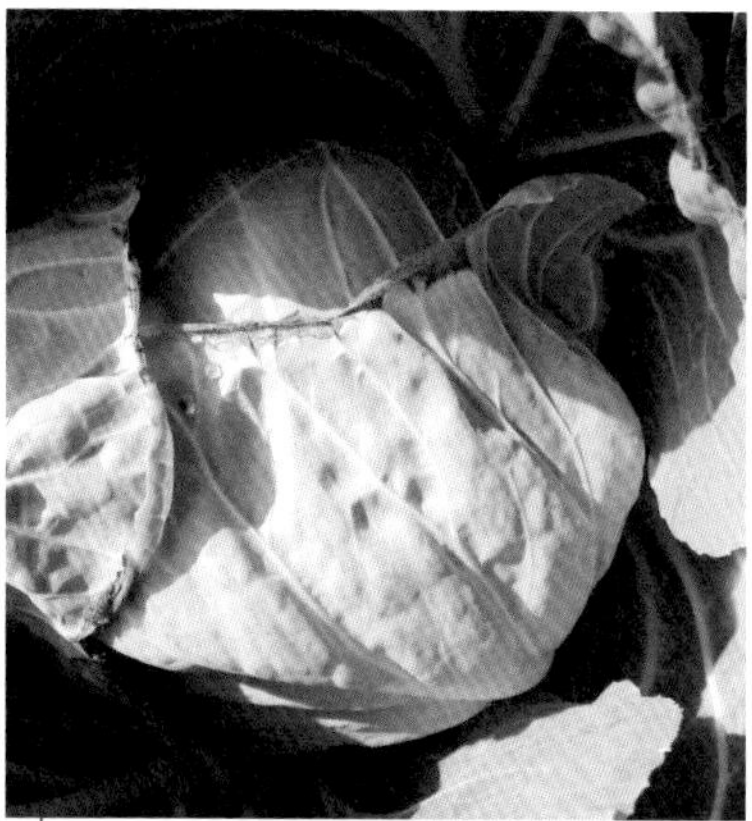

カルシウム欠乏（チップバーン）
カルシウムが葉の先端部分まで行き渡らずに、葉の縁が茶色く枯れてきたキャベツ。レタスでも同様の症状が現れる

効果的な雑草対策

まずは芽を出させない

土の中には、たくさんの雑草の種が潜み、発芽の機会をうかがっています。これらを発芽させないことが、まずたいせつです。

対策の1つめは、黒色マルチや敷きわらで光を遮ること。多くの雑草は、光がないと発芽できません。発芽できる種類も、光がない状態では光合成ができず、やがて枯死します。

2つめは太陽熱消毒です（46ページ）。梅雨明け後1か月間の高温期におこなうのがベストですが、5〜9月でも一定の効果があります。

小さなうちに除草する

雑草がまだ小さく（草丈5〜6㎝以下が目安）、はびこっていなけれ

雑草のタイプに合わせた対策

大きく育ってしまった雑草をやみくもに除草するのは得策ではありません。逆に雑草を広げてしまう可能性も。雑草のタイプに合った方法で除草しましょう。

1 大量の種をつけるタイプ ➡ 種ができる前に抜き取る

このタイプの主な雑草

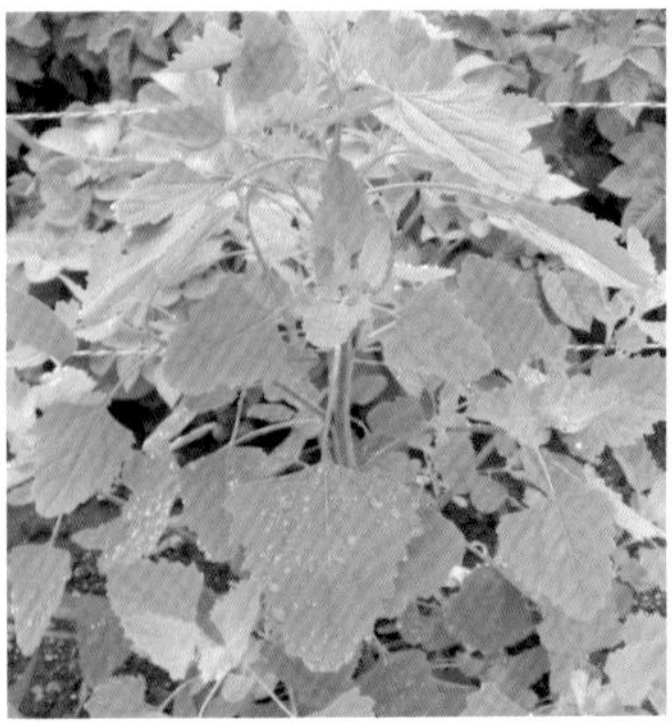

シロザ

春〜夏に芽を出し、夏〜秋に開花する一年生植物。大量の種をつけ、種は土の中で10年以上生き延びる

ハキダメギク

春〜秋に芽を出し、初夏〜秋に開花する一年生植物。暖かい地方では、年に3回世代交替できる

ハコベ

秋〜翌春に芽を出し、春〜秋に開花する一年生植物。大量の種をつけ、土の中での種の寿命は10年以上

ば、手で引っ張るだけで簡単に除草できます。面積が広い場合は、鍬や鎌、三角ホーなどで地面をひっかけば雑草が取り除けます。

雑草が大きく育ってしまった場合は、下記のように、タイプに合った方法で除草しましょう。

抜いたあとの処理もたいせつ

開花前の小さな雑草は、晴れた日に畑に放置しておけば枯れます。ただし、地面が湿っていると根づくことがあるので、雨の前後は注意しましょう。

スギナやスベリヒユは、短時間では枯れず、発根しかねないので、マルチフィルムの上などにのせて枯らします。種がついた雑草は、畑の外に持ち出すか、畑を耕したときに種が地表面に出ないよう、深さ20cm以上の穴を掘って埋めます。

最終的に土に埋めて処分する場合、スギナやハマスゲなど、深い位置からも芽が出る雑草は、完全に枯らしてから埋めるようにしてください。

2 茎から根を出して増えるタイプ

➡ 茎を残さないよう、地際からきれいに刈り取る

このタイプの主な雑草

ツユクサ

春～夏に芽を出す夏の一年生植物。地際で分枝し、節から根を出す。夏～秋に開花。種の量は少ないが、25年以上生きる種も

スベリヒユ

春～夏に芽を出す夏の一年生植物。引き抜いた株や、茎の断片からも発根する。夏に開花し、種も大量につける

メヒシバ

春～夏に芽を出す夏の一年生植物。地面に接した節から根を出して四方に広がる。根を張ると、抜き取るのがたいへん

3 地中に残った地下茎から再生するタイプ

➡ 雑草の周囲を広く掘り下げ、根こそぎ取り除く

このタイプの主な雑草

スギナ

早春はツクシ、春～夏はスギナで生育する多年生植物。地中深く張り巡らせた根茎で越冬。切断された根茎からも再生する

ハマスゲ

次々と根茎を形成して増える多年生植物。生育時期は春～夏。切断された根茎からも、地下30cmからも芽を出せる

ヤブガラシ

春～夏に芽を出し、晩秋には地上部が枯れる多年生の植物。地下深くに根を張り巡らせて、増えていく

収穫のコツと保存方法

適期に収穫する

おいしく野菜をいただくには、適期に収穫することがたいせつです。とり遅れは野菜の食味を悪くするだけではありません。次々と果実がなるトマトなどの果菜類では、株に必要以上の負担がかかり、株の寿命を縮めることにもなりかねません。野菜ごとの適期の見極め方は、下の表を参考にしてください。

鮮度を維持するには

収穫後、野菜の鮮度を維持するのにもっとも効果的なのは、低温での保存です。野菜は、収穫後もしばらくのあいだ、栽培中とほぼ変わらない生命活動を続けています。そのため、呼吸によって野菜の体内に貯蔵

各野菜の収穫のポイント

キュウリ、ズッキーニ、ナスなど未熟果を食べる野菜	**長さで判断する** キュウリは20～22㎝、細長形ズッキーニは20～25㎝、中長ナスは12～15㎝、ピーマンは6～10㎝が目安
スイカ、メロン、カボチャなど完熟果を食べる野菜	**授粉後の日数で判断する** 授粉日を記録。品種ごとの収穫日数を目安に収穫する。着果後の気温が低ければ、日数がかかる
キャベツやハクサイ、玉レタスなどの結球野菜	**触って判断する** 球の上からかるく押して、かたく締まっていたら収穫適期
コマツナやホウレンソウなどの軟弱野菜	**草丈25～28㎝ほどで収穫** ホウレンソウは、甘い葉柄の割合が多くなるため、ある程度大きくするほうが甘みが増す
ダイコンやニンジンなどの根菜類	**首の太さ（直径）で判断する** 青首ダイコンは7～8㎝、ニンジンは5㎝が目安

された糖などの炭水化物が消費され、食味が低下していきます。葉や果実からの蒸散が続くので、しおれが進み、エチレンも生成されるので、葉が黄化します。呼吸、蒸散、エチレン生成のすべてを抑制するのが、野菜の品温を下げることなのです。

低温といっても、野菜ごとに適温は異なり、生産の現場では、湿度とともにきめ細やかに管理して貯蔵しています。なお、サツマイモやショウガ、サトイモなど、温度が低すぎると腐る野菜もあります。

収穫も朝の涼しい時間帯にすれば、野菜の品温が低いため呼吸が抑制され、すぐには食味が低下しません。

保存するとおいしくなる野菜

糖の含有量が急速に減るスイートコーン、エダマメ、アスパラガス、ソラマメや、鮮度低下が早いブロッコリーなどは、すぐに食べるほうがよい野菜です。その一方で、しばらくおくことでおいしくなる野菜や、長期保存が可能な野菜もあります。

しばらくおくとおいしくなる野菜

カボチャ	収穫後半月ほど、風通しのよい日陰におくことで、デンプンが糖に変わって甘みが増す。茎の切り口や果皮の傷から菌が入りやすいため、家庭では冬まで保存するのは難しい
サツマイモ	冬になるまでおいておくと、デンプンが糖に変わってねっとり甘くなる。保存中の低温に注意（下記保存方法参照）
メロン	収穫後3〜5日ほど、室温に置いて追熟させることで、肉質がやわらかくなって、おいしくなる

保存性が高い野菜の保存方法

ショウガ	新聞紙で包んで発泡スチロールの箱に入れ、室内で保存
サツマイモ	ショウガと同じようにするか、畑に深さ1.5〜2mの穴を掘って埋める
サトイモ	イモを分けると傷口から菌が入るので、掘り上げた状態のまま、深さ50㎝ほどの穴を掘って埋めるか、収穫せずに畑においたままで上に土を盛り上げる。乾かないように丈夫な肥料袋などに入れて、室内で保存してもよい

保温栽培で栽培時期をずらす

保温栽培とは、被覆資材の保温効果を利用して、野菜を育てる栽培法です。ビニールハウスのような本格的な保温設備がなくても、マルチング、べた掛け、トンネル掛けを上手に利用すれば、野菜の栽培時期を大幅に伸ばすことができます。

たとえばダイコンの露地栽培は、秋まき、秋冬どりが一般的です。しかし保温栽培なら、複数の保温方法を組み合わせて使い分けることで、冬から春にも種まきができて、春から初夏の収穫が可能になります。

冬から春にかけては端境期で、畑の多くがあいています。この時期に栽培できるので、畑の有効利用にもなります。また、気温が低い時期から始めるので、病害虫の発生が少ないというメリットもあります。

ダイコンの保温栽培

ダイコンを例に保温栽培の方法を紹介します。複数の被覆資材を使い分けることで、A、B、Cの3つの時期の栽培が可能になります。

栽培方法	1	2	3	4	5	6	7	8	9	10	11	12月
露地栽培									●		■	■
A 透明マルチ(3月下旬～4月中旬) 黒色マルチ(4月下旬)			●	●		■						
B 透明マルチ＋不織布のべた掛け		●	●		■	■						
C 透明マルチ＋透明フィルム（農ビもしくは農PO）のトンネル掛け	●	●		■	■							

※関東・関西地域の平地基準　●：種まき　■：収穫

1 晩抽性の品種を選ぶ

冬から春の栽培では、とう立ちの危険性があるので、とう立ちが遅い「晩抽性」の品種を選ぶ

トウ立ちが極めて遅く作りやすい春の総太り！
タキイ交配
ダイコン
トップランナー
タネのタキイ

写真／タキイ種苗

2 畝にマルチを張る

地温を上げるため、種まきの2～3日前に、畝を立ててマルチを張る。B、Cは透明マルチ、Aは時期により、透明マルチと黒色マルチを使い分ける

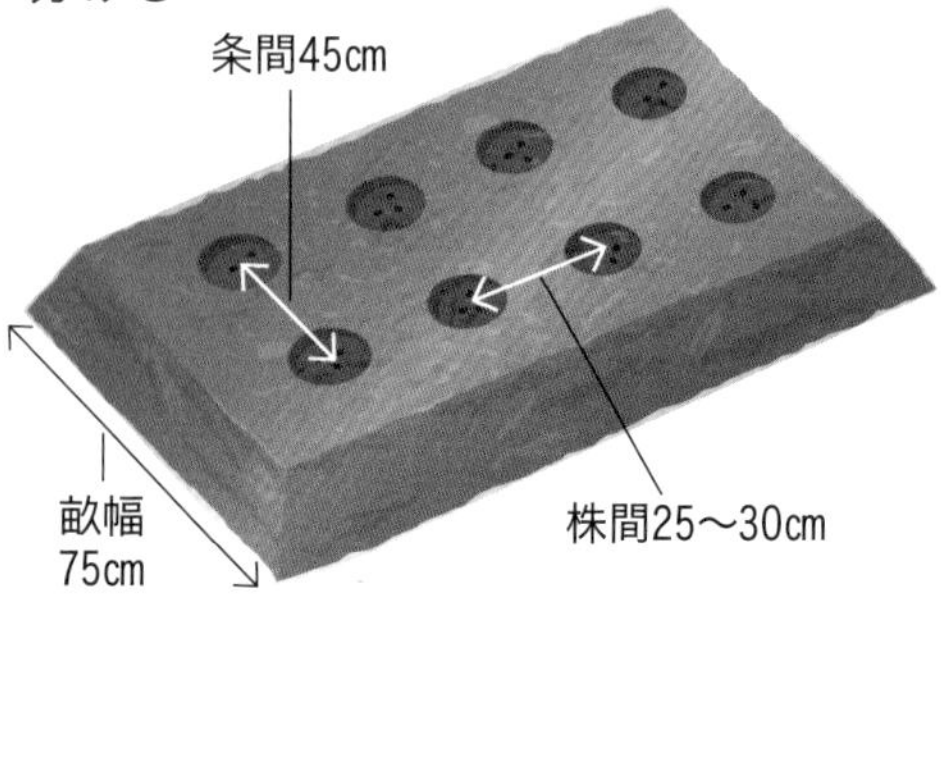
条間45cm
株間25～30cm
畝幅
75cm

3 種をまき、B、Cは被覆資材を掛ける

C

マルチ ＋ トンネル掛け の場合

とう立ちを防ぐため、本葉5枚まではトンネルの裾を下げて密閉し、日中30〜35℃を維持する

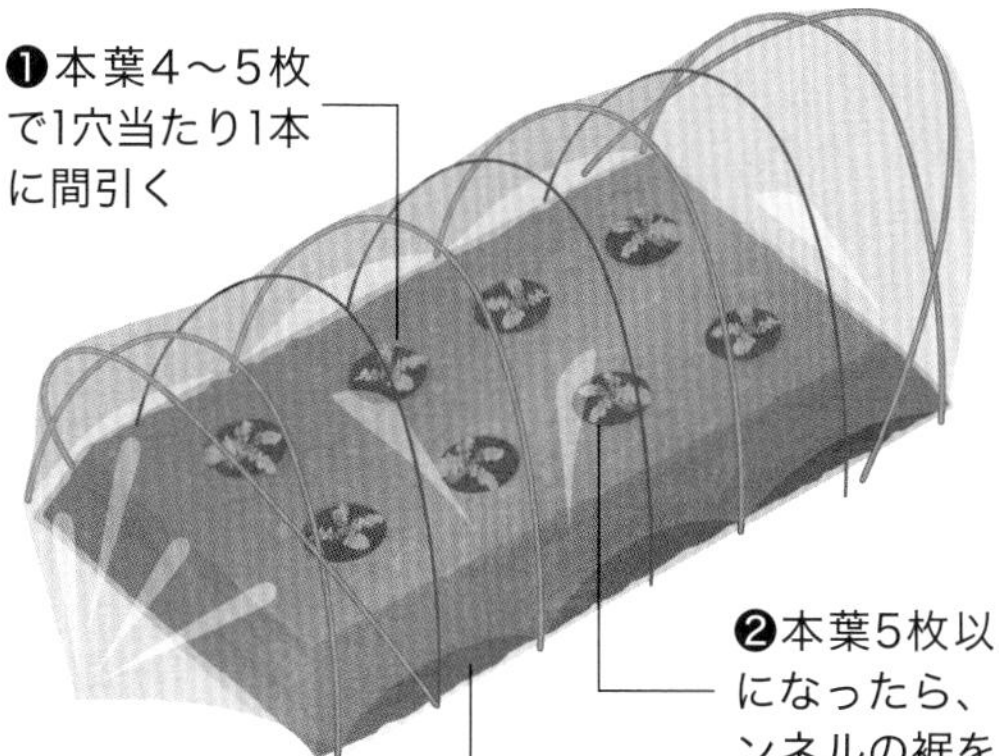
❶本葉4〜5枚で1穴当たり1本に間引く
❷本葉5枚以上になったら、トンネルの裾を上げて換気を開始
❸徐々に換気を強め、遅霜のおそれがなくなる4月上〜中旬にトンネルを外す

B

マルチ ＋ 不織布のべた掛け の場合

不織布が風でばたつくと株が傷つくので、不織布は緩みがないように、ぴったりと張る

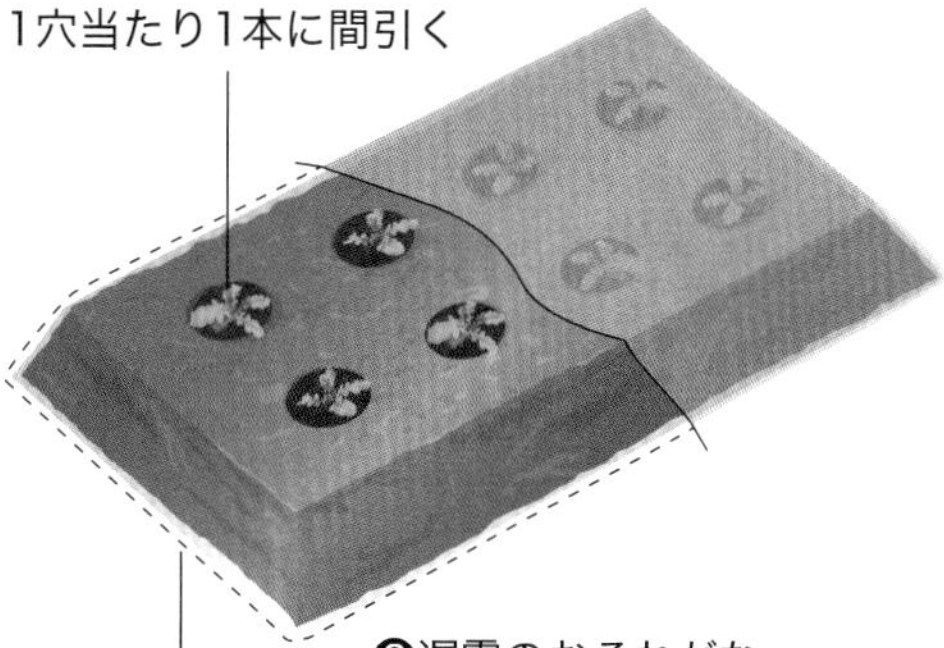
❶本葉4〜5枚になったら、いったん不織布をはがし、1穴当たり1本に間引く
❷遅霜のおそれがなくなる4月上〜中旬に不織布をはがす

べた掛けの方法

不織布のべた掛けは、作付けの直後に掛けるのが基本です。
たるんでいると風ではためき、茎葉を傷めるのでピンと張りましょう。

畝の角から少し離れた位置に、不織布の一方の角を合わせ、ピンを差して留める

不織布を畝に沿って広げてピンと張り、1で留めたのと反対側の畝の端2か所をピンで留める

さらに畝に沿って不織布を広げてピンと張り、1で留めなかったもう一方の端を留める。最後に長辺の端を1m間隔で留めていく（矢印）

ピンの留め方

不織布が破れないように、2〜3回折りたたんだ不織布の上から、フィルム押さえをつけたU字ピンを差す

トンネル掛けの方法

保温目的のトンネル掛けに使われる透明フィルムは風を通さないため、風の抵抗を強く受けます。トンネル支柱を頑丈に立て、透明フィルムは飛ばされないように、しっかり留めましょう。

1 畝の端から5～10㎝離れた位置に、トンネル支柱を70～80㎝間隔で立てる。支柱は20㎝ほどの深さまで差し込む。両端には、補強のための支柱を1本ずつ外に向けて斜めに立てる（矢印）

2 フィルムの中心をトンネルの頂点に合わせて、透明フィルムをかぶせる。フィルムには表裏があるので注意。フィルムの端を均等にすぼめ、上からU字ピンを差して留める

フィルムが風で飛ばされないよう、ピンの上から足で踏んでしっかり留める

3 地面とのあいだに隙間ができないように、フィルム押さえつきのU字ピンでフィルムの裾を留める。トンネル支柱を挟むように留めるとフィルムがピンとなる

4 フィルムが強風で飛ばされないように、トンネル掛けしたフィルムの上から、さらにトンネル支柱を立てて押さえる。支柱を立てる位置は、骨組みの支柱の中間が目安

5 トンネル掛けの完成。暖かくなってきたら、必要に応じてフィルムの裾を上げて換気を図る

第3章

野菜をストレスから守る方法

野菜を暑さから守る工夫

このところ、夏が極端に暑くなってきています。野菜にとっても猛暑は厳しく、高温に加え、暑さがもたらす土の乾燥や、容赦なく照りつける強い日ざしが、生育に悪影響を与えます。

よく見られるのは、強い日ざしによるミニトマトの果実の日焼け、乾燥によるサトイモの生育の衰えやニンジンの発芽不良、高温によるレタスの発芽不良などです。

夏野菜への対策

夏野菜の栽培がスタートするのは春。まだ暑さとは無縁ですが、栽培開始時から暑さに備えて、対策を講じましょう。

対策の1つは、暑さに強い野菜を作ること。夏野菜は一般的に暑さに強いのですが、その中でもモロヘイヤ、オクラ、ゴーヤー、クウシンサイ、スイカなどの熱帯地方原産の野菜や、パクチーやスイスチャードなどは猛暑でも元気に育ちます。

作付け前の土の耕し方もポイントになります。深くまで耕して、堆肥をたっぷり施用すれば、根が深く張り、雨がしばらく降らなくても地中の水分を吸収できるため、干ばつに耐えやすくなります。

生育中の野菜には、株間に敷きわらをすると地温が下がり、土壌水分の蒸発も防げます。定期的な水やりも欠かせません（58ページ）。

秋冬野菜への対策

秋冬野菜の多くは、夏の暑い盛りに栽培がスタートします。そのため、

暑さに強い野菜

モロヘイヤ

独特のぬめりがある夏の貴重な葉もの野菜。寒さには弱いので、十分に暖かくなってから植えつける。熱帯アフリカ〜熱帯アジア原産

オクラ

生育旺盛で、夏の暑さをものともせずに、次々と果実をつける。植えつけは十分に暖かくなってから。アフリカ原産

ゴーヤー

ぐんぐんとつるを伸ばして大きく茂り、独特の苦味のある果実をつける。病害虫の被害も少なく、丈夫で育てやすい。熱帯アジア原産

この時期を乗り越えることがポイントになります。

1つは、涼しい場所で管理して発芽を促すこと。レタスは30℃、キャベツやハクサイ、ブロッコリーなどは35℃を超えると発芽不良になります。こうした野菜の種をまいたら、発芽するまで、涼しい場所で管理します。翌朝にかけて気温が下がる夕方に種をまくことも効果的です。

耕うんや畝立て、植えつけを暑い時間帯におこなわないこともポイントです。暑く、日ざしが強い日中に耕うんや畝立てをすると、土の中の水分が蒸発し、さらに乾燥が進みます。植えつけも日中におこなうと、しおれやすく、活着が遅れます。こうした作業は、気温も地温も下がり、日ざしも弱まる夕方におこないましょう。植えつけの前後にはたっぷり水やりすることも忘れずに。

白黒や銀色のマルチフィルムの利用もおすすめです。土壌水分の蒸発が抑えられるうえに地温の上昇も抑制できます。

暑い時期の種まき後の管理

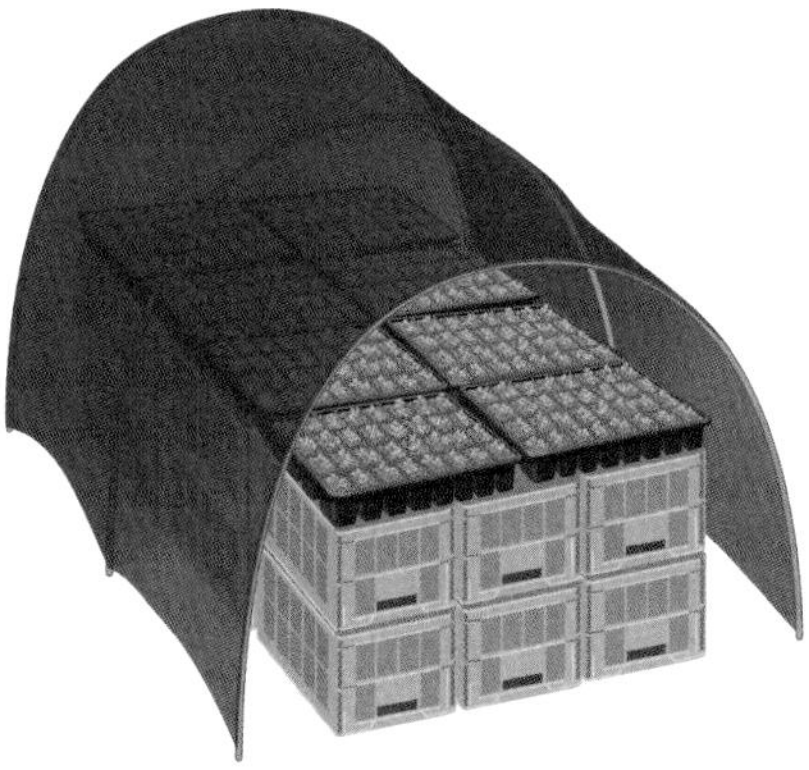

セルトレイやポットを台にのせ、寒冷紗をトンネル掛けしてもよい。寒冷紗の周囲を密閉すれば、防虫対策にもなる

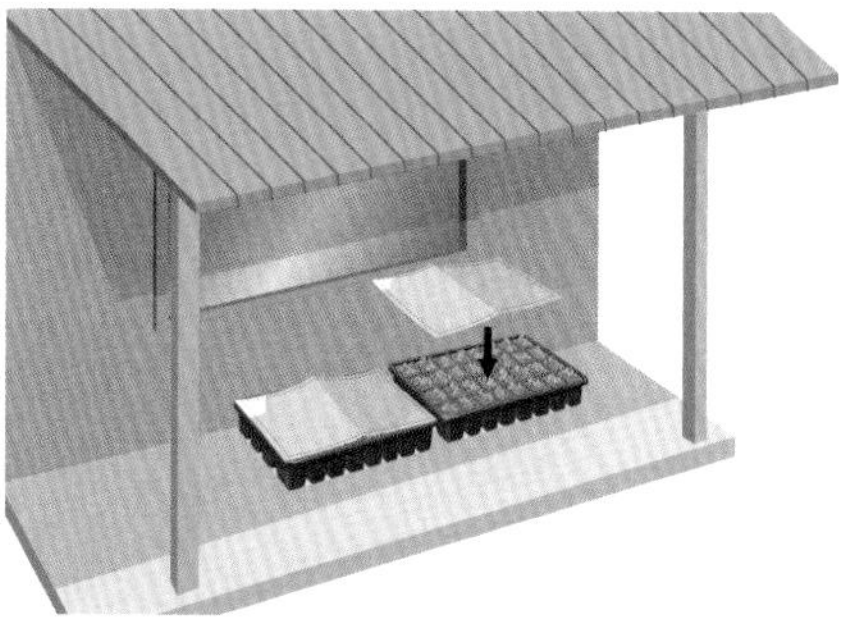

発芽するまでは、少しでも涼しくするために、風通しがよく、直射日光が当たらない軒下などで管理。ぬらした新聞紙を上にかけると、乾燥防止にも役立つ

資材の利用で暑さから守る

寒冷紗

寒冷紗には光を遮る働きがあり、これを掛けると温度を下げることができる。写真のトンネル掛けのほか、べた掛けもできる

マルチ

暑い時期の植えつけや種まきには、白黒マルチか銀色マルチを利用する。土壌水分の蒸発が防げて、地温の上昇も抑えられる

敷きわら

植えつけ後の苗や、生育中の株の株間にわらを敷くと、地温が下がり、土壌水分の蒸発も防げる。マルチを張っていない場合にとくに効果的

資材を活用して防寒する

適期に野菜づくりをする場合、寒さ対策が必要なのは、おもに4～5月の遅霜と、晩秋から始まる霜にたいしてです。朝の気温が3～4℃以下になると、降霜の可能性があります。

夏野菜は基本的に寒さに強くありません。果菜類を植えつけるときには、早めにマルチフィルムを張って地温を上げておき、植えつけ後には、株の周囲を肥料袋などで覆うあんどんや、ホットキャップなどを設置しておくと安心です。

また、果菜類にかぎらず、作付け後に降霜が予想されるときには、不織布のべた掛けで野菜を守ります。

秋冬どりの野菜は耐寒性が強く、弱い霜では被害を受けません。とはいえ、結球野菜は結球すると耐寒性

べた掛け

透光性、通気性のよい不織布を野菜に掛けて、野菜を霜や寒さから守ります。

どんなときに使う

春まきの野菜を少し早くじかまきするときや、秋まきの野菜を少し遅くまで畑に残しておきたいとき。生育後半の野菜を寒さから守りたいときなどに使う。おもに葉菜類で用いられる

どうやって使う

保温目的では不織布を使用。野菜に直接掛ける「じか掛け」のほか、トンネル支柱を利用して、野菜とのあいだに空間を作る「浮き掛け」がある。後者のほうが手間はかかるが保温効果は高い

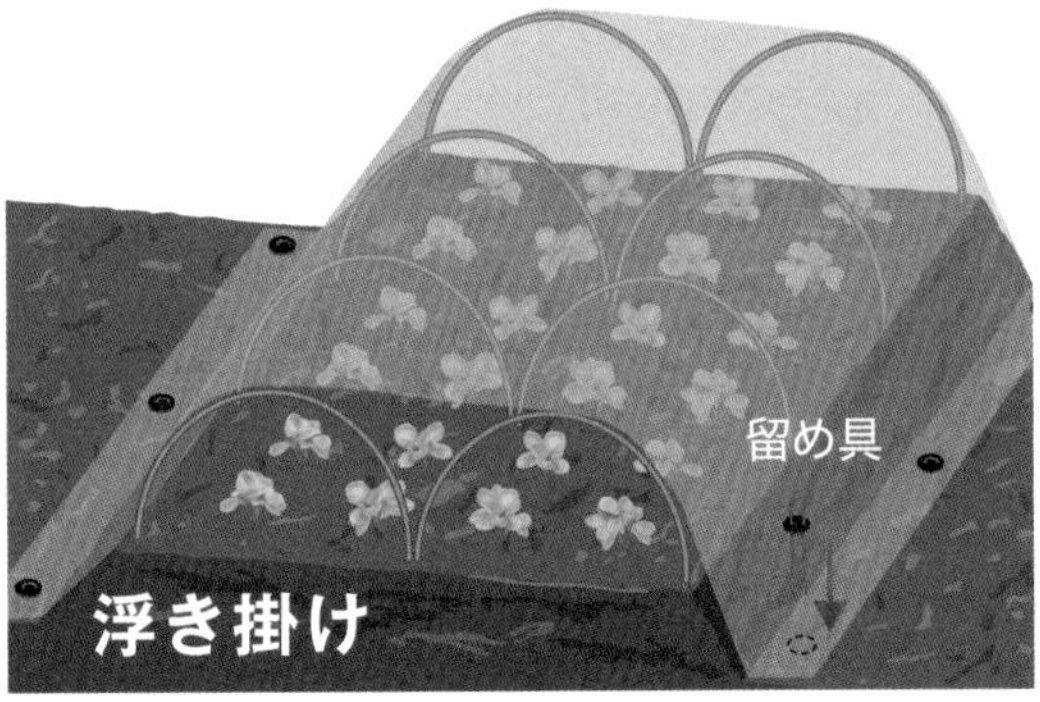

が弱くなります。たとえばレタスは、結球前はマイナス4℃まで耐えますが、結球するとマイナス2℃が限界です。また、徐々に気温が下がれば耐えられても、急激に下がると凍害が発生しやすくなります。必要に応じて、防寒対策をおこないましょう。

野菜の耐寒性と防寒対策の目安

耐寒性	野菜名	防寒対策
とくに強い	タマネギ、ネギ、ラッキョウ、ナバナ、タカナ	かなりの低温に耐えられるので、温暖地では不要（風よけ程度でよい）
強い	サヤエンドウ、ソラマメ、ニンジン、ホウレンソウ、コマツナ、ブロッコリー	風よけ、笹立て、敷きわら、土寄せなどの簡単な防寒対策で十分
やや弱い	ダイコン、カブ、ハクサイ、キャベツ、カリフラワー	冬に収穫する場合は、べた掛けなどで防寒
弱い	レタス、セロリ、シュンギク、ミズナ、チンゲンサイ	冬に栽培・収穫する場合は、ハウス、トンネルなどで保温

トンネル掛け

畝の上にアーチ型の支柱を立て、ビニールなどの被覆資材で覆って、野菜を霜や寒さから守ります。

どんなときに使う

春夏野菜の栽培をひと足早く、冬から春にスタートする場合や、秋冬野菜の栽培を遅らせて、寒くなってから始める場合などに

どうやって使う

保温目的で使われるのは、おもに透明フィルム。数種類があり、保温性や通気性、耐用年数などに違いがある（下表）。栽培する野菜の耐寒性や栽培時期などを考慮して、どの資材を使うか決める

保温目的のトンネル掛け資材の種類と選び方

種類	特徴	保温力	透光性	通気性
ビニールフィルム（農ビ）	保温効果を最優先する厳冬期の栽培や、寒さに弱い野菜に向く。穴をあけての換気はできない。べたつくため、扱いが難しい	◎	◎	×
ポリオレフィン系特殊フィルム（農PO）	農ビに匹敵する保温効果をもつものもある。耐久性や作業性を重視する場合に向く。穴をあけての換気ができる	◎〜○	◎	×
有孔ポリオレフィン系特殊フィルム（有孔農PO）	保温効果は穴なしより劣るが、不織布よりは高く、換気の手間が省ける。トンネル内の昼夜の寒暖差が小さい。夜間の最低気温は穴なしと大差ない	○	◎	◎〜○
ポリエチレンフィルム（農ポリ）	軽くて扱いやすく、安価だが、保温性は低い。さほど保温性が必要でない時期や、比較的寒さに強い野菜に	○〜△	◎	×

◎優れる、○やや優れる、△やや劣る、×劣る

台風の接近情報が出たら

台風シーズンの7～10月、畑には、夏の果菜類と秋冬野菜が混在しています。それぞれの野菜に合った方法で事前の対策を講じ、台風が去ったあとは、適切な後処理をして、被害を最小限に抑えましょう。

下の図のような事前対策を講じるほか、収穫間近の果実などがあれば、早めに収穫します。種まきや植えつけの予定がある場合は、台風後に延期しましょう。間引きも、被害状況を見てからおこないます。育苗に利用しているトンネルは、被覆資材が風で飛ばされないように、裾を土に埋めます。畑のまわりに置いている資材なども、片づけておきましょう。

なお、台風が去ったあとの処理は、緊急性が高いもの以外は、畑の土の表面が乾いてからおこないます。

寒冷紗などで覆う

草丈の低い野菜

葉菜類や根菜類には、寒冷紗や防虫ネットをべた掛けする。茎葉が折れたり、根がぐらついたりしないよう、きつめに張って裾をピンなどでしっかり留める

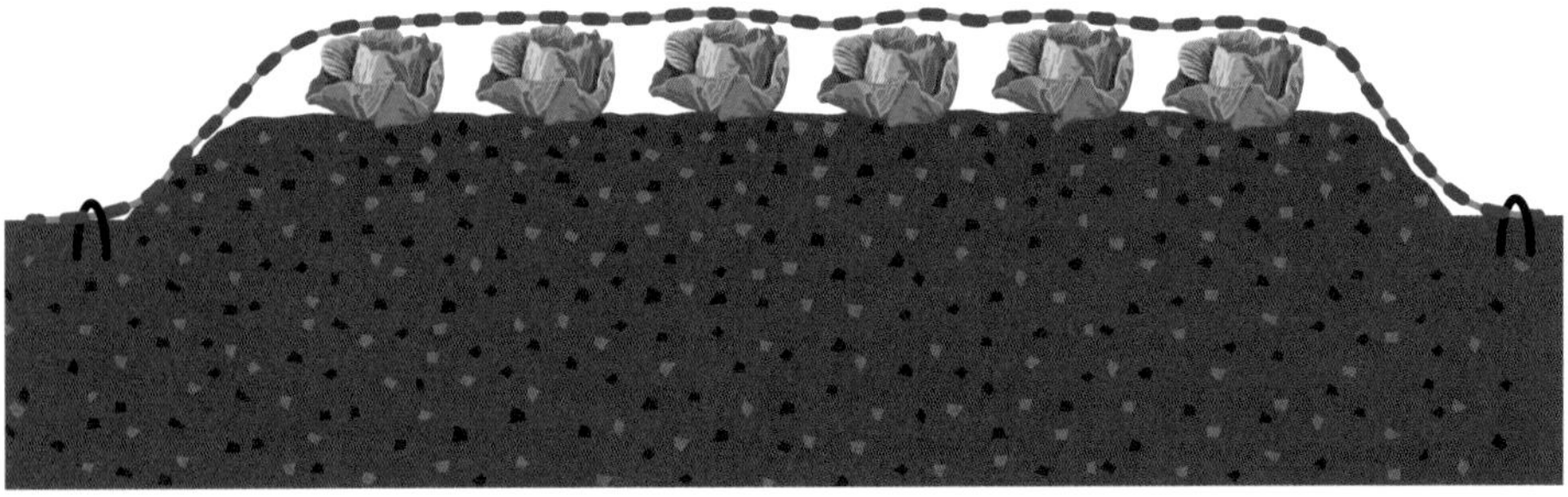

草丈の高い野菜

トマトやキュウリなどは、支柱から外して畝に倒し、寒冷紗や防鳥ネットで覆って固定する。台風が去ったら元の状態に戻す

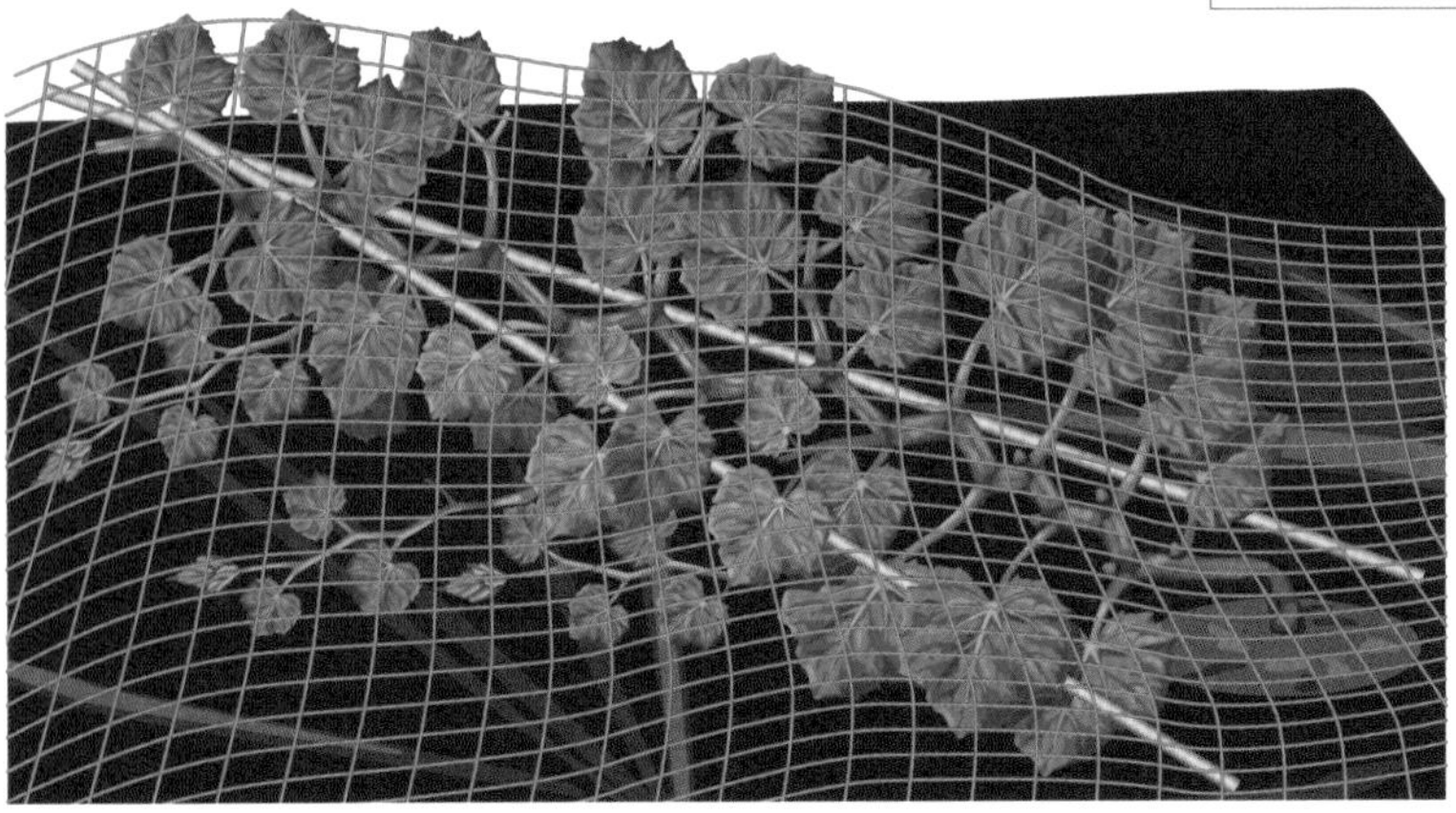

防風ネットで囲う

ナスやトウモロコシなど草丈が高い野菜は、周囲に防風ネットを設置する

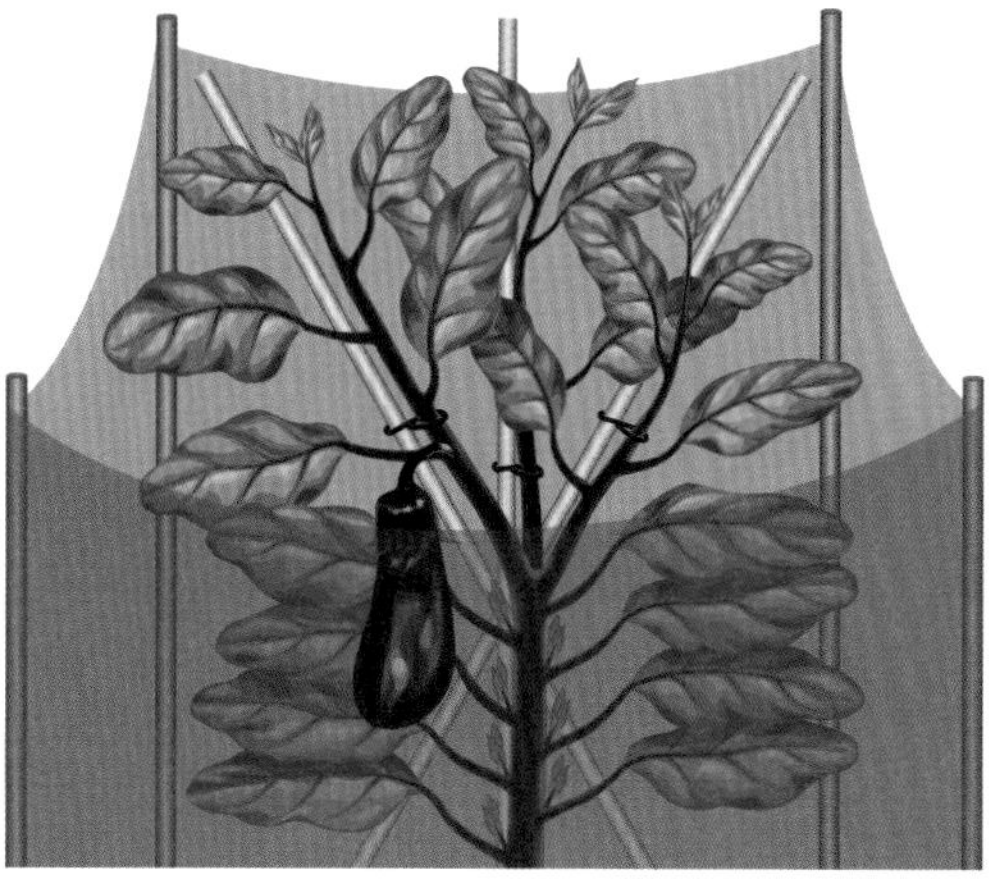

溝を切って土寄せする

平畝で栽培しているダイコンやニンジンは、畝端に深さ10～15㎝ほどの溝を切り、土寄せをする。大雨が降っても水につかりにくくなり、寄せた土が風よけの役割をする

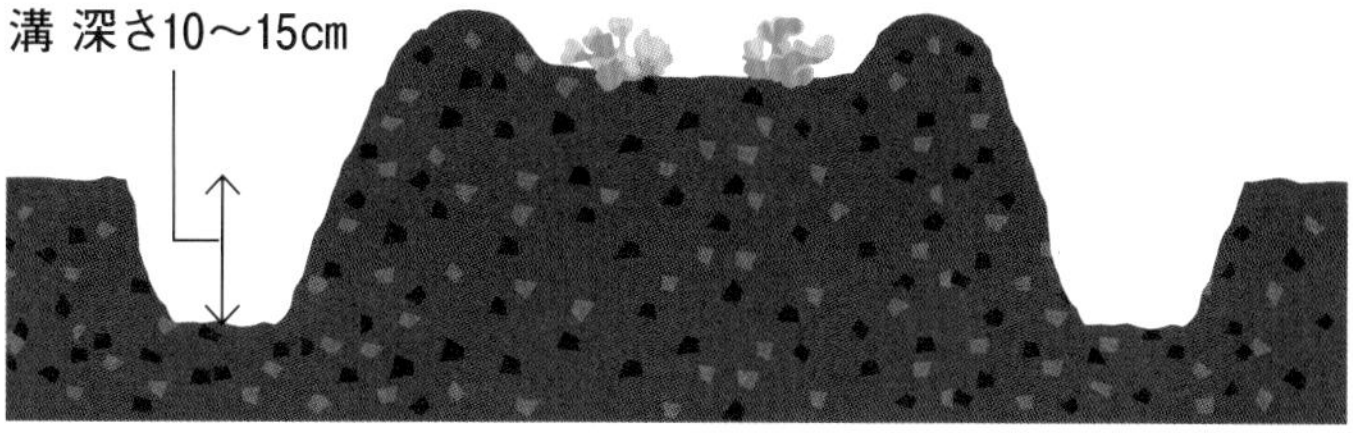

台風が去ったあとの対策

被害状況をチェックし、緊急性の高いものから対処しましょう。

	被害状況	対策
すぐにおこなう	**畑が冠水して、野菜が水につかっている**	ただちに溝を切って、排水する
	野菜が傷ついた、泥がついた	病気に感染する可能性があるので、ただちに傷んだ部分を取り除き、殺菌剤を散布。株の傷みが激しい場合は、株ごと処分する
	野菜が潮風を浴びた	そのままにすると、浸透圧で葉から水分が奪われてしおれるので、葉が乾く前に真水で洗い流す
畑の表面が乾いてから	**野菜が倒れた**	畑の土の表面が乾いてから、ていねいに株を起こす。草丈の低い野菜は、自然に起き上がるのを待ってもよい。ダイコンやネギは株を起こしたあと、倒れないようにかるく土を寄せる
	株元の土が硬く締まった	大雨のあとは土が硬く締まる。雨によって肥料が流れ、株も弱っているので、土の表面が乾いたら、通路に肥料をまき、浅く耕して土の中に空気を入れる

病気対策は予防が大事

病気の原因となる病原（かび、細菌、ウイルスなど）があるだけでは、病気は発生しません。病原ごとに好き嫌いがあり、発生しやすい作物と、そうでない作物があります。また、病原が増殖しやすい環境もあれば、増殖しにくい環境もあります。

そのため、病気は病原、作物、環境の3つの要因がそろって、初めて発生します。発病予防対策の基本は、3つの要因がそろわないように、それぞれ対策をとって、リスクを減らすことです。

たとえば、根こぶ病が出た畑なら、アブラナ科野菜を作らない、作るなら耐病性品種を選ぶ、土のpHを6.5以上にする、水はけをよくして菌を活動しにくくする、といった対策をとることでリスクが減ります。

病気発生の3つの要因

病気はこの3つの要因がそろうことで発症します。
それぞれに対して対策を講じ、要因が1つでも欠けるようにします。

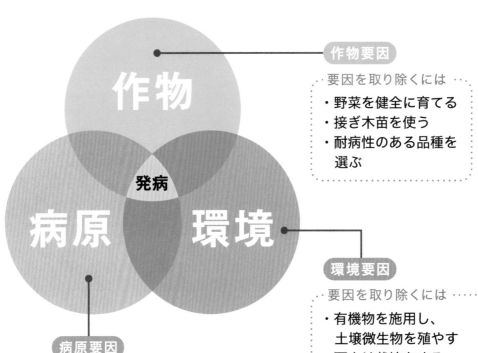

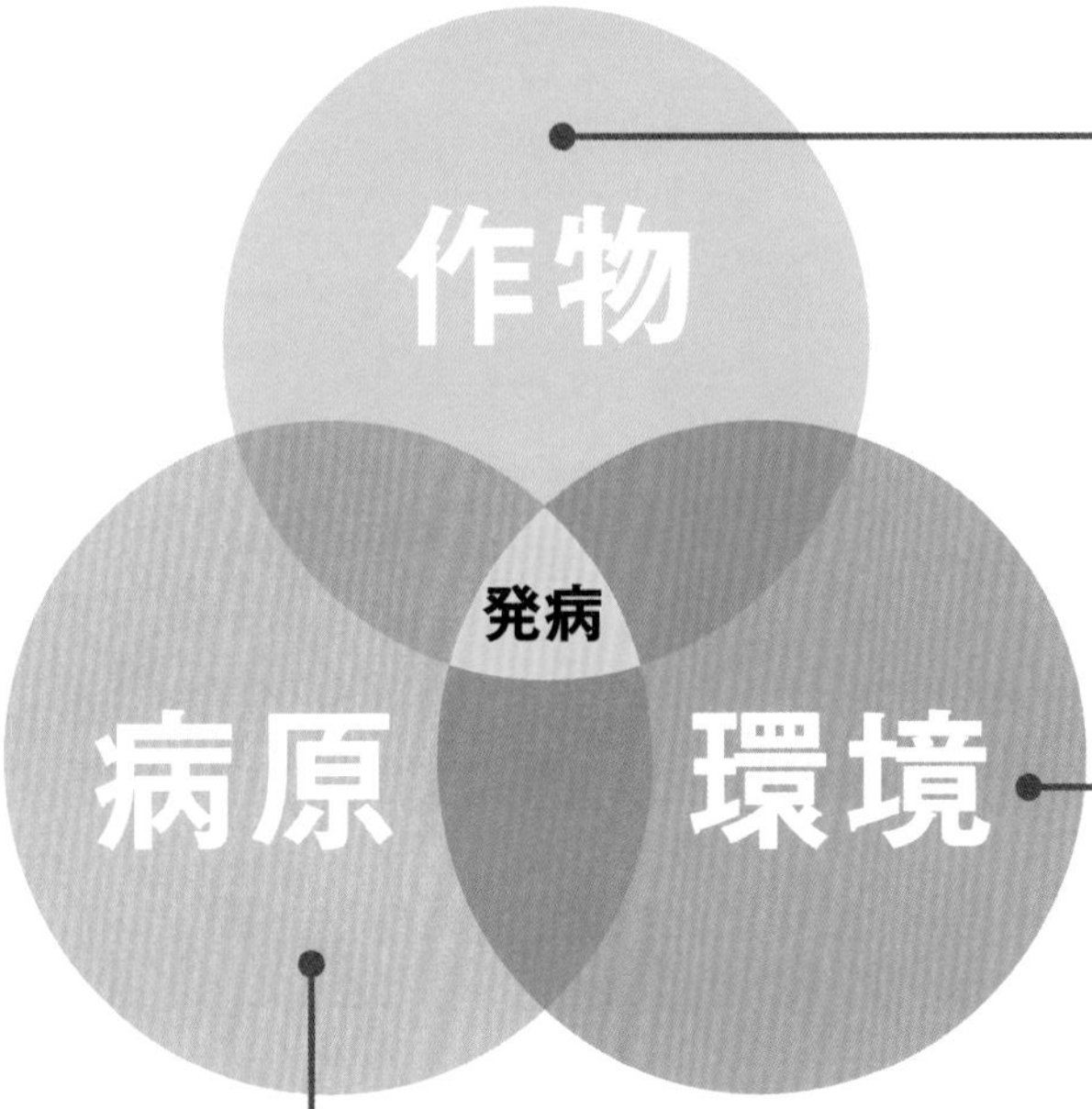

作物要因

要因を取り除くには

- 野菜を健全に育てる
- 接ぎ木苗を使う
- 耐病性のある品種を選ぶ

環境要因

要因を取り除くには

- 有機物を施用し、土壌微生物を殖やす
- 雨よけ栽培をする
- 土の水はけを改善する
- 整枝や適切な栽植密度で、通風と日当たりを確保

病原要因

要因を取り除くには

- ウイルス病を媒介するアブラムシ類などを防除
- マルチで泥の跳ね返りを防ぐ
- 土壌消毒をする
- 殺菌剤を使う

主な病気と対処法

主な病気と、発病前におこなうことができる予防策を紹介します。
発病した場合は、発病部位や発病株を取り除き、適用のある薬剤を散布しましょう。

軟《なん》腐《ぷ》病（野菜全般）
地際や根が腐敗して溶ける。土壌中の細菌が傷口から侵入して発病
対策 栽培中、株を傷つけないよう注意する

根こぶ病（アブラナ科野菜）
土壌中のかびが原因で、根にこぶができる病気
対策 土のpHを6.5以上にする。水はけをよくする

うどんこ病（野菜全般）
葉や茎が白い粉状のかびで覆われる。やや乾燥した時期に多発
対策 窒素過多にしない。古い葉を摘み取る

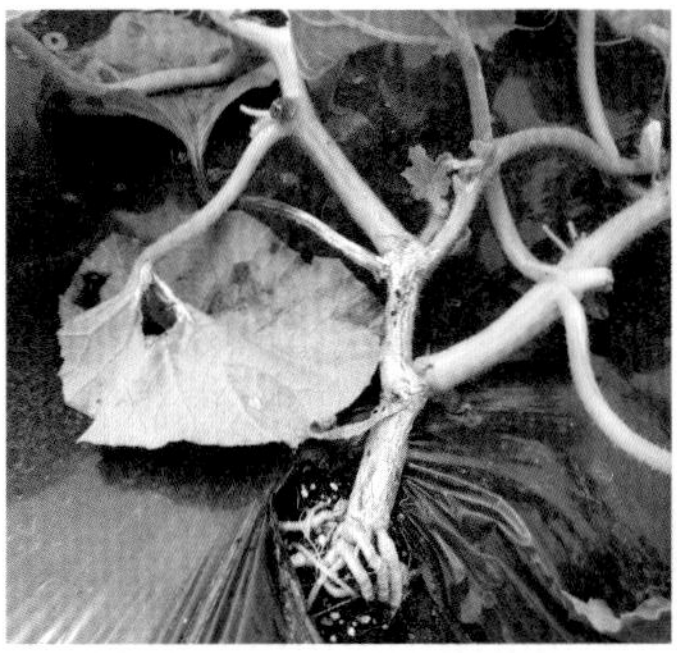

つる枯病（ウリ科野菜）
茎の地際が変色し、黒い点が発生。やがてつるがしおれて枯れる
対策 連作を避け、マルチで泥跳ねを防ぐ

べと病（野菜全般）
葉が黄変したり、灰色のかびを生じたりする。多雨で発生しやすい
対策 密植を避ける。マルチで泥跳ねを防ぎ、肥料切れさせない

モザイク(ウイルス)病（野菜全般）
葉が縮れ、モザイク状のまだら模様になる。アブラムシ類などが媒介
対策 銀色マルチやトンネル掛けでアブラムシ類の飛来を防ぐ

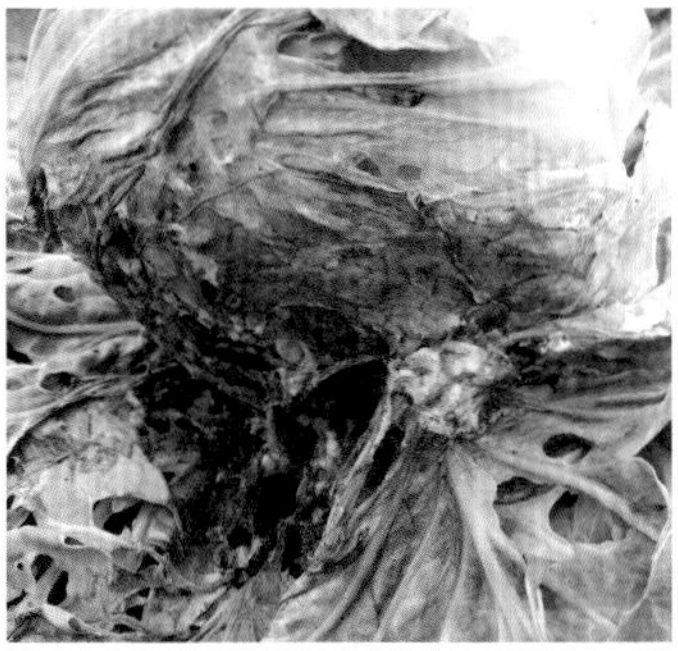

菌核病（野菜全般）
腐敗し、白いかびのようなもので覆われ、やがて黒い菌核が発生する
対策 高畝にして、水はけをよくする

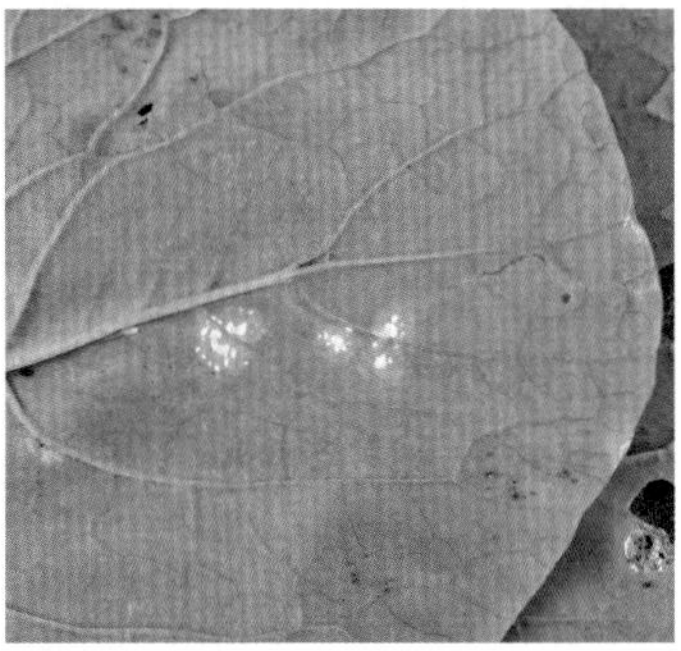

白さび病（アブラナ科野菜）
おもに葉や葉柄が侵され、表面に白い斑点を生じる
対策 風通しをよくし、マルチで泥跳ねを防ぐ

疫病（ナス科・ウリ科野菜）
水がしみたような黒褐色の病斑ができ、かびが発生する
対策 多湿下で多発するので雨に当てず、マルチで泥跳ねを防ぐ

害虫には3段構えの対策を

野菜づくりでいちばんの難関は、いかに害虫を防ぐか、かもしれません。対策の1つめは、**害虫が発生しにくい環境を作ること**。野菜の残渣や雑草は、害虫のすみかになりやすいので、きれいに片づけましょう。

2つめは、**害虫を飛来させない、侵入させないこと**。防虫ネットや反射光を利用したマルチフィルム、粘着シートなどを利用します。天敵（捕食や寄生によって害虫の命を奪う生物）を利用して、害虫を減らす方法もあります（93ページ）。

3つめは、**野菜をよく観察し、早期発見すること**。発見が遅れるほど、被害が大きくなり、対策も厄介になります。発見が早ければ、卵を産みつけられた葉を取り除くだけで、被害を防げる可能性があります。

害虫を寄せつけない方法

反射光で飛来を防ぐ

反射光を嫌うアブラムシ類の性質を利用して、飛来を防ぐ。銀色マルチや反射シートなどがある

光反射テープも反射光を利用した資材の1つ。できるだけ野菜のそばに張ることがポイント

防虫ネットで侵入を阻止

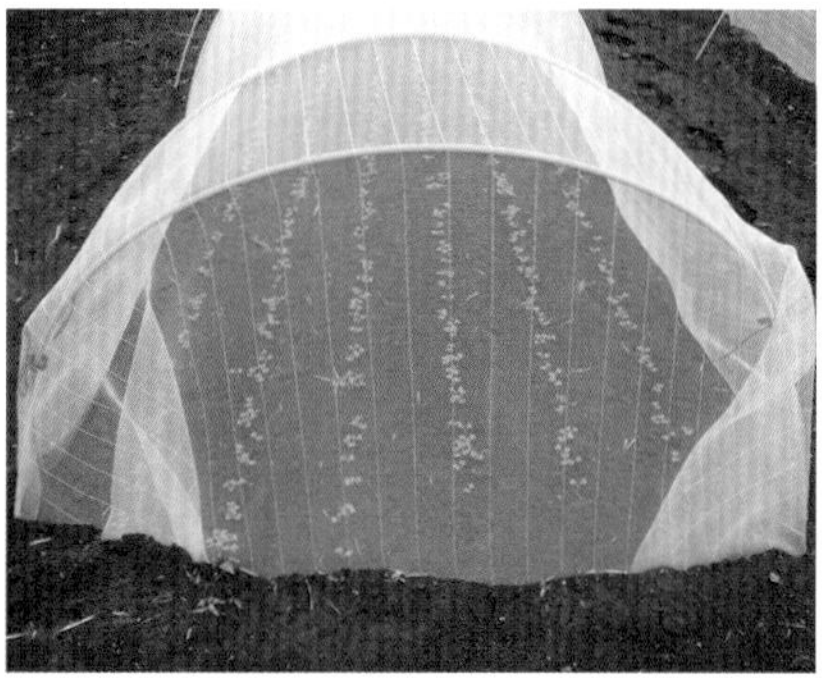

防虫ネットで覆えば、害虫の侵入を阻止できる。写真のトンネル掛けのほか、べた掛けも可能。防ぎたい害虫に合った目合いのものを選ぶことがたいせつ

粘着シートで捕獲する

特定の色を好んで集まってくる虫の性質を利用した捕獲シート。シートの色によって、捕獲できる害虫の種類が変わる

主な害虫と対処法

害虫の被害を予防する方法と、早期発見したときの対処法を紹介します。

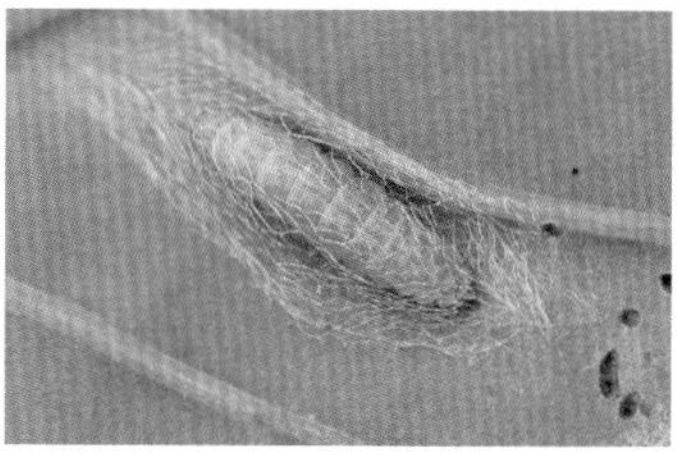

コナガ（アブラナ科野菜）

幼虫が葉裏から食害する。表からは食害部が白く見える

対策　防虫ネットで成虫の侵入を防ぐ。幼虫は早期に捕殺する

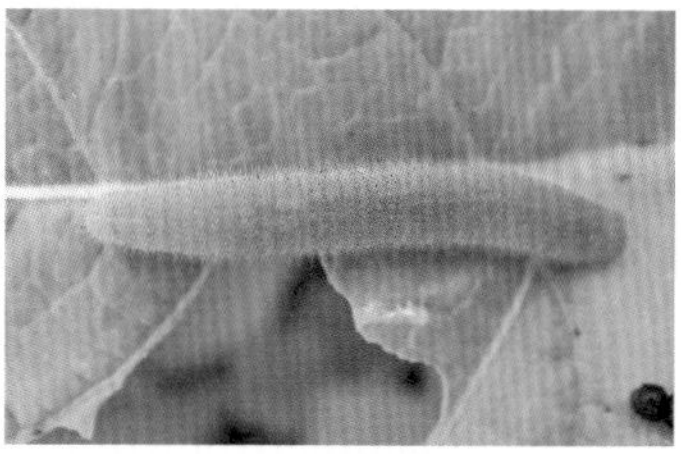

アオムシ（アブラナ科野菜・とくにキャベツ）

モンシロチョウの幼虫。葉をぼろぼろに食い荒らす

対策　防虫ネットで成虫の侵入を防ぐ。幼虫を捕殺する

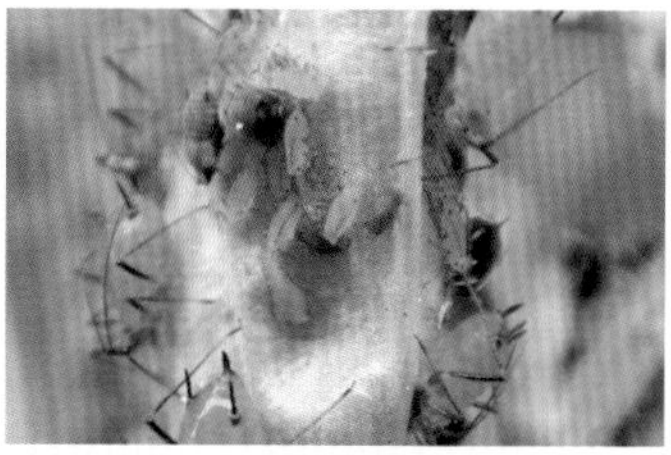

アブラムシ類（野菜全般）

新葉、つぼみ、花などに群がり、吸汁する。ウイルス病を媒介する

対策　窒素を控えめにし、銀色マルチなどで飛来を防ぐ

ネキリムシ（野菜全般）

カブラヤガ、タマナヤガなどの幼虫。夜に苗を地際から食害して倒す

対策　防虫ネットで予防。株元の土を掘って捕殺する

ハイマダラノメイガ（アブラナ科野菜）

幼虫が芯葉をつづり合わせて潜り込み、芯を食害する

対策　防虫ネットで成虫の侵入を防ぐ。早期に捕殺する

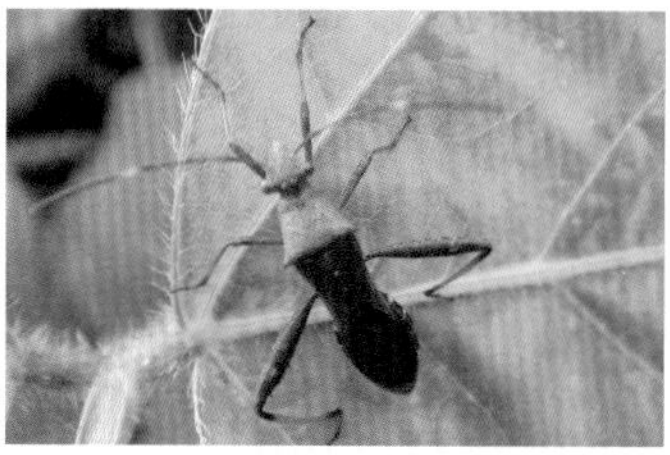

カメムシ類（マメ科野菜など）

成虫、幼虫が吸汁する。さやの上からマメの汁を吸い甚大な被害を与える

対策　防虫ネットで侵入を防ぐ

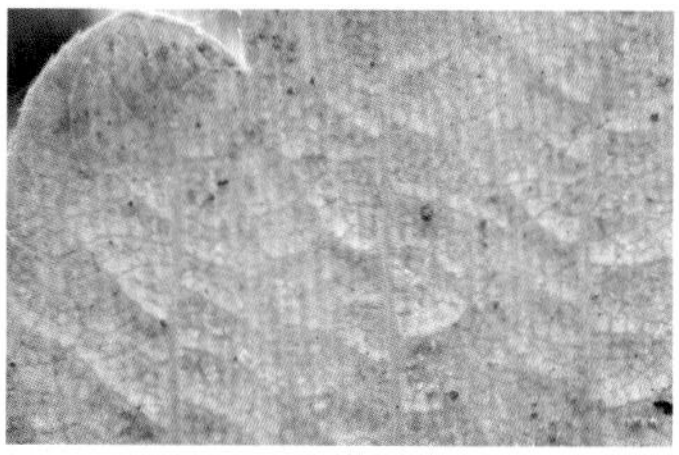

ハダニ類（野菜全般）

多くの野菜に発生。多くは葉裏に群がり吸汁する。高温乾燥期に多発

対策　葉裏にシャワー状の水を噴霧。マルチの上に敷きわらをする

センチュウ（野菜全般）

根に寄生して、こぶをつくる種類や、根を腐敗させる種類などがいる

対策　連作を避ける。センチュウ対抗植物を利用する

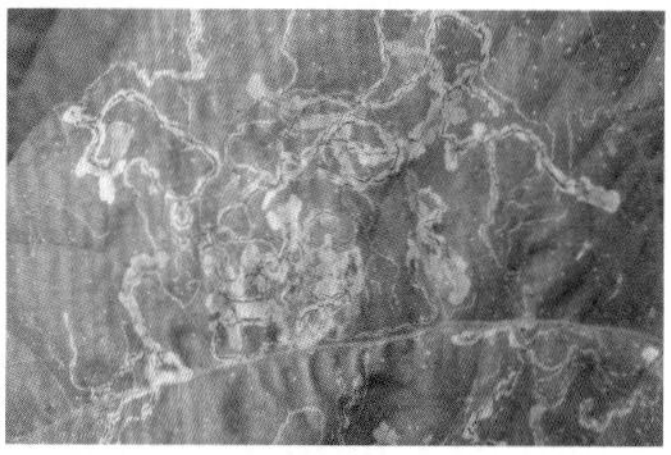

ハモグリバエ類（野菜全般）

葉の内部に入り込み、移動しながら白い筋模様を描いて食害する

対策　銀色マルチなどで成虫を忌避。幼虫は捕殺

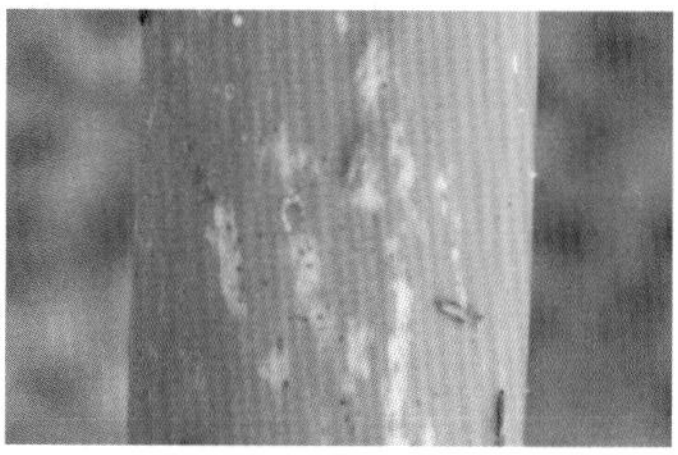

アザミウマ類（野菜全般）

成虫と幼虫が葉や花などの汁を吸う。ウイルス病を媒介することもある

対策　防虫ネットや、銀色マルチなどで飛来を防ぐ

コガネムシ類（野菜全般）

成虫が葉や果実を、幼虫が根を食害。土の中の未分解有機物を餌に殖える

対策　未熟な堆肥を施用しない。見つけしだい捕殺する

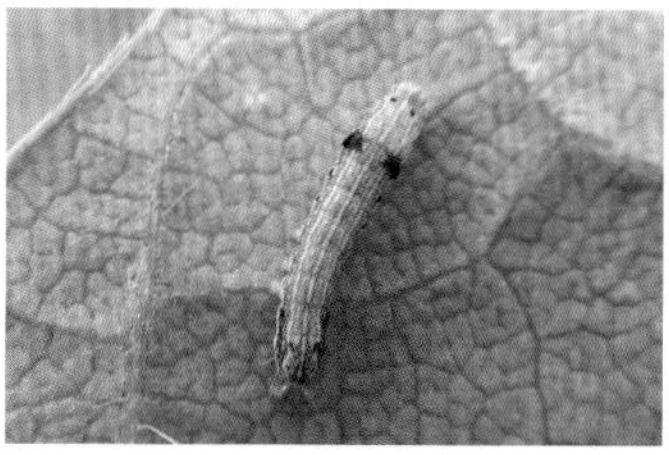

ヨトウムシ類（野菜全般）

若齢幼虫は集団で葉裏から食害。しだいに夜間に単独行動するようになる

対策　卵や、ふ化直後の幼虫の集団を捕殺するのが効果的

連作障害を防ぐには

連作障害とは、同じ野菜や同じ科の野菜を、同じ畑で続けて栽培することで発生する障害です。土壌生物のバランスが崩れて、その野菜をターゲットにする土壌病原菌や、土壌センチュウが殖えることが主な原因です。そのほか、肥料分の蓄積や、特定の養分の過不足、野菜の根が出す生育阻害物質も原因になります。

いちばんの対策は、連作しないことです。とはいえ、連作すればすぐに障害が出るわけではありません。多くの野菜は、1~2年くらいなら連作しても問題は発生しません。3~4年ほどすると、障害が出やすくなるので、そこまでに別の野菜、別の科の野菜を作る輪作をするとよいでしょう。ただし、連作障害が起きやすいショウガ、ナス、トマト、サ

連作によって土壌病害が発生する仕組み

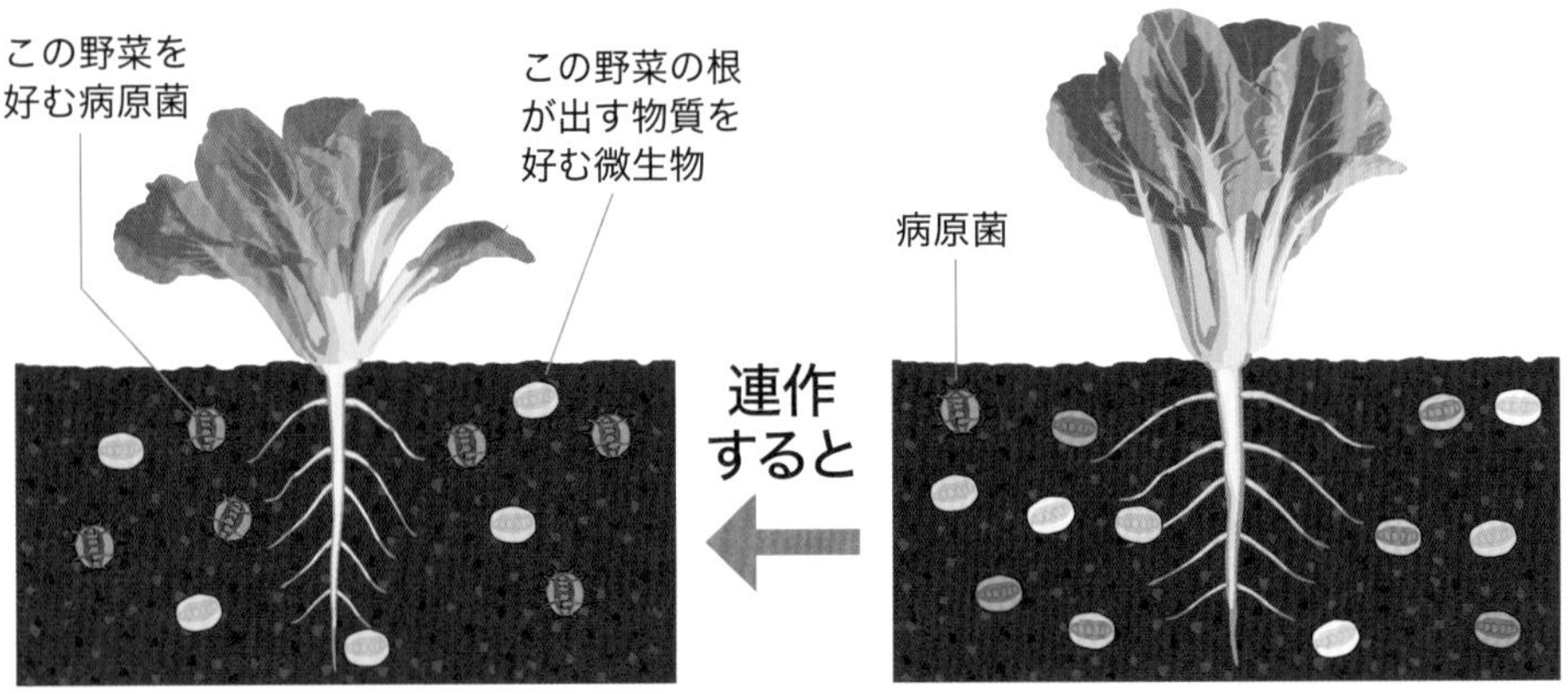
この野菜を
好む病原菌
この野菜の根
が出す物質を
好む微生物
連作
すると
病原菌

微生物は根が分泌する物質を求めて集まるため、バランスが崩れて特定の微生物が殖える。なかには病原菌もいて、病気発生の原因になる

土の中には、さまざまな微生物がいる。病原菌もいるが、多様性が保たれていれば、どれか1つが突出して殖えることはない

代表的な土壌病害とセンチュウ害

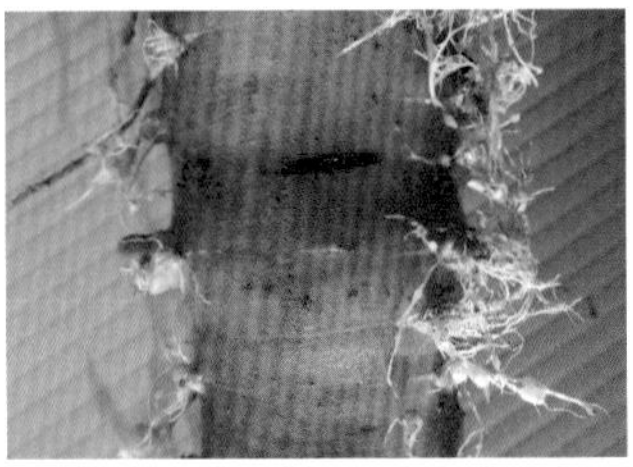

ネコブセンチュウ害

ネコブセンチュウの侵入により、根にこぶができる。野菜全般に発生。根菜類では、また根や短根になることも

つる割病

ウリ科に多く発生。初めは日中に葉がしおれ、朝夕は回復するが、しだいにしおれがひどくなり枯れる

青枯病

ナス科に多く発生。葉が緑色のまま急にしおれて枯れる。根が腐敗し、茎が褐変して汚白色の汁が出る

ヤエンドウなどは、毎年輪作をして作付け場所を変えてください。

　連作障害を防ぐには、輪作のほかに、接ぎ木苗を使う、太陽熱消毒をする（46ページ）、数年に1回緑肥作物を作って土をリセットするなどの方法があります。堆肥の施用にも、連作障害の発生を遅らせる、被害を軽減するという効果があります。

あいだをあける年数の目安

あいだをあける年数	野菜名
1年休む	ホウレンソウ、小カブ、インゲン、キャベツ、ミズナ、タカナなど
2年休む	ニラ、パセリ、レタス、ミツバ、ハクサイ、ジャガイモ、セロリ、キュウリ、イチゴなど
3〜4年休む	ナス、トマト、ピーマン、メロン、ソラマメ、サトイモ、ゴボウ、ショウガなど
4〜5年休む	サヤエンドウ、スイカなど

エンバク野生種の栽培例

1 種まき
鍬の刃裏などを利用し、幅20㎝、深さ1〜2㎝程度のまき溝を作り、底を鎮圧する。種は2〜3㎝の間隔をあけ、溝にばらばらと落とす

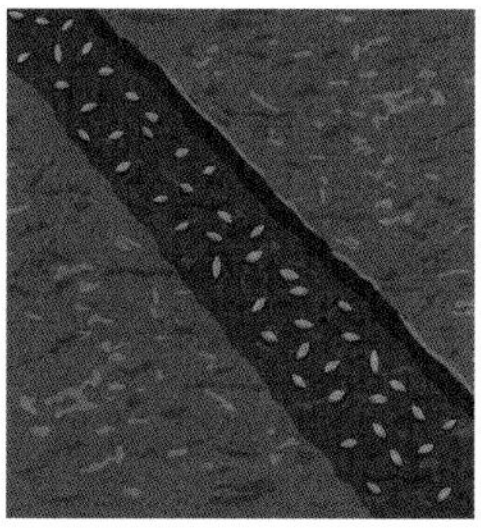

2 鎮圧する
種が見えなくなる程度に均一に土をかけ、鍬の刃裏などで地面をしっかり鎮圧する

3 刈り取り
出穂前に、鎌や剪定ばさみ、刈払機を使い、上から長さ15〜20㎝間隔で、根元まで細かく刻む。切り刻むのがたいへんな場合は地際で刈り取って、通路などに敷いてもよい

4 鋤き込み
刈り取った緑肥作物を15㎝くらいの深さまで鋤き込む。鋤き込むのがたいへんな場合は、土の上に敷くだけでもよい

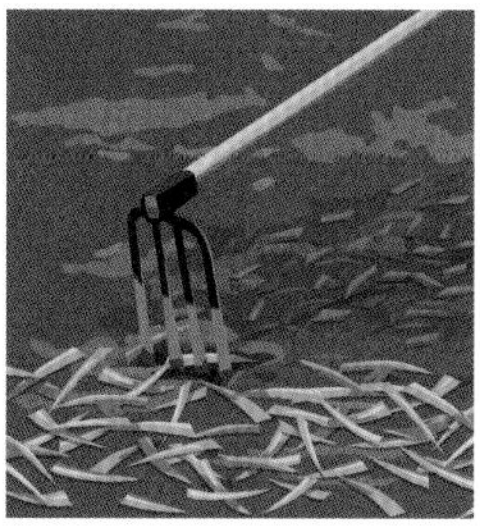

連作障害対策におすすめの緑肥作物

マリーゴールド
ネコブセンチュウ、ネグサレセンチュウの密度を減らす

播種時期	4〜7月
鋤き込み時期	7〜11月

アウェナ ストリゴサ（エンバク野生種）
根菜類のキタネグサレセンチュウの被害を抑制。根こぶ病の軽減にも

播種時期	3〜5月 8〜11月
鋤き込み時期	5〜7月 11〜4月

ギニアグラス
サツマイモネコブセンチュウなど、各種センチュウの密度を減らす

播種時期	5〜8月
鋤き込み時期	6〜10月

写真／タキイ種苗

ソルゴー
吸肥力が強く、土をきれいにする。根が土を耕し、水はけをよくする

播種時期	5〜8月
鋤き込み時期	6〜10月

注）緑肥作物の播種時期、鋤き込み時期は目安

農薬の正しい使い方

登録内容を守って使う

農薬は、農作物を保護するための薬剤です。人に使用される医薬品と同じように、効果はもちろん、人や自然環境、野生生物への安全性なども検証されたうえで、法律に基づき登録されています。登録内容には、対象となる作物名と病害虫名、使用時期、使用回数、使用方法、使用量などが含まれており、このとおりに使うことで、効果や安全性が保証されます。

登録内容は、薬剤のラベルや取扱説明書に記載されています。まずは被害に遭った野菜と、被害を与えた病害虫が登録されている薬剤を選ぶこと。そして、記載内容にしたがって正しく使うことが重要です。

間違いやすい作物

トマト

直径3cmを超えるもの

ミニトマト

直径3cm以下のもの

さやいんげん

さや付きの未成熟な豆を収穫するもの

いんげんまめ

成熟した種子を収穫するもの

未成熟とうもろこし

生食用のスイートコーンなどを収穫するもの

とうもろこし(子実)

食用の種子を収穫するもの

ヤングコーン

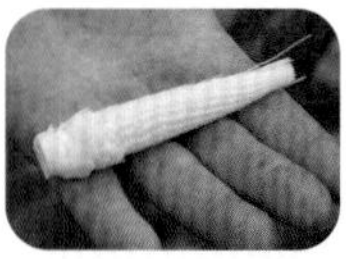

幼果を収穫するもの

とうもろこし

「とうもろこし(子実)」と「未成熟とうもろこし」が含まれる

薬剤選びのポイント

1 防除の対象をはっきりさせる

被害を与えている病害虫の種類を見極め、防除の対象をはっきりさせる

2 適用のある薬剤を選ぶ

ラベルなどをよく見て、被害を受けている野菜に対して病害虫名が登録されている薬剤を選ぶ。同じ野菜でも、収穫時期の違いなどで別の名前で登録されている場合があるので注意(左項目)

3 薬剤の形状にも目を向ける

薬剤には、そのまま噴霧できるスプレー剤やエアゾール剤、水で薄めて使う水和剤や乳剤、そのまままける粒剤などがある。散布が必要な面積なども考慮して、使いやすいものを選ぶ

早期発見、早期防除

病害虫が発生したら、早めに発見し、被害が大きくならないうちに対処することがポイントです。そうすることで高い効果が得られ、薬剤の使用量も少なくてすみます。

なお、害虫にたいしては発生後の散布が基本ですが、病気にたいしては予防散布が可能です。病気が発生しそうな時期に、予防効果のある薬剤をあらかじめ散布しておくと、高い効果が望めます。

散布は早朝か夕方に

薬剤の散布は飛散を防ぐため、風のない日の早朝か夕方におこなうのがベストです。また散布直後に雨が降ると効果がなくなるので、半日ほど雨が降らない日に散布します。

薬剤を散布するときには、長袖の作業着、長ズボン、手袋などを着用して肌を露出させず、マスクや保護めがねで目や鼻、口を保護しましょう。

散布液の作り方

作業するときは、手袋やマスクを着用。説明書どおりに希釈する

乳剤などの液体

用意するもの
計量カップ、スポイト、かき混ぜ棒、バケツなど

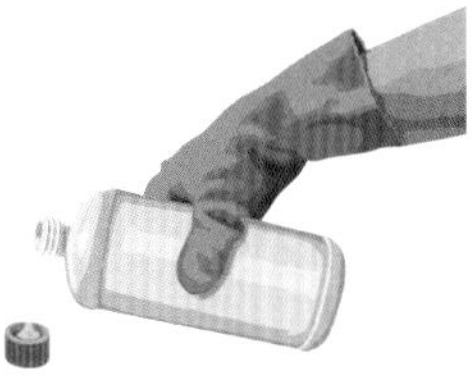

1 付属の計量カップやスポイトなどを使って、原液の分量をきっちりと量る

2 所定量の水を入れたバケツに、薬剤を加えてよく混ぜる

水和剤などの固体

用意するもの
計量用のはかり、スポイト、かき混ぜ棒、バケツ、展着液など

1 バケツに所定量の水を入れ、展着剤を加えてかき混ぜる

2 分包されている場合は全量を、されていない場合は付属のスプーンやはかりなどで薬剤を量り、バケツに加えてよく混ぜる

散布の方法

液体の薬剤

野菜以外のものにかからないよう、近くから散布。病害虫の発生部分を中心に、株全体にまんべんなく散布する。

果菜類
下葉の裏側から株の上部に向けてかけていき、最後に株全体の葉の表面にかける

葉菜類
最初に葉の裏にかけ、次に葉の表や株全体にかける

固形の薬剤

登録内容に沿った方法で散布する。代表的な散布方法を紹介。

株元散布
生育中の野菜の株元に散布する

植え穴処理土壌混和
植え穴にまき、かるく土に混ぜてから植えつける

農薬に頼りすぎずに野菜を育てるには

発生しにくい条件を整える

まず、土壌環境の整備や栽培法、品種選択などによって、病害虫が発生しにくい条件を整えましょう。完熟堆肥の施用によって土壌微生物の種類が増えれば、病原菌の活動が抑制され、土のpHや施肥が適切なら、病害虫に強い健全な株に育ちます。

予想される病害に、耐病性や抵抗性をもつ品種や接ぎ木苗を使うのも対策の1つです。病害虫が発生しにくい時期に種をまけば、被害の軽減に役立ちます。そのほか、病害虫の発生源になる残渣や雑草を片づけることもたいせつです。

資材を利用する

防虫ネットや銀色マルチなど、害虫の侵入を防いだり、そばに寄ってこないようにする資材（86ページ）も積極的に利用しましょう。

生物を利用する

害虫を捕食したり、害虫に寄生して命を奪ったりする天敵（昆虫や微生物）の利用も、生物を利用した防除の1つです。テントウムシ類やヒメハナカメムシ類などの土着天敵の力を借りるほか、生物農薬として市販されているものもあり、おもに施設栽培で使われます。

これらの天敵を引き寄せ、すみかを提供する植物（天敵温存植物）を野菜のそばに植えることもおこなわれています。

そのほか、コンパニオンプランツも利用されています。

病害虫の被害軽減が期待できる種まき時期

野菜	種まき時期	期待される効果
ダイコン	9月中下旬	ハイマダラノメイガ、キスジノミハムシの被害軽減
ニンジン	8月中旬	ネコブセンチュウ、黒葉枯病《くろはがれ》、しみ腐《ぐされ》病被害の軽減
エダマメ	4月上旬(育苗)、4月中旬～5月上旬(じかまき)	カメムシ類の被害軽減
トウモロコシ	4月上中旬*（トンネル栽培や育苗）	アワノメイガの被害軽減

＊7月中旬までに収穫した場合

ネギの株間にオオムギを栽培　　提供／群馬県農業技術センター

天敵の活用

隠れ場所や餌を提供することで、天敵を引き寄せる植物（天敵温存植物）を野菜のそばに植えて、防除に利用する。野菜と植物には相性がある。左写真はネギの株間にオオムギを植えた例。

野菜と天敵温存植物の組み合わせ例

野 菜	温存植物	天 敵	対象害虫
ナス	ソルゴー フレンチマリーゴールド オクラ	ヒメハナカメムシ類	アザミウマ類 ハダニ類 アブラムシ類など
ネギ	オオムギ	コモリグモ類 カブリダニ類 ヒメオオメカメムシ	アザミウマ類 ヨトウムシ類など

主な天敵

テントウムシ類

ナナホシテントウやナミテントウなどの幼虫と成虫が、おもにアブラムシ類を捕食

ヒメハナカメムシ類

土着天敵で、アザミウマ類やアブラムシ類などを捕食する

キイカブリダニ

土着天敵で、アザミウマ類やコナジラミ類を捕食する

コンパニオンプランツを活用する

おたがいの生育によい影響を与えるのがコンパニオンプランツ。
主要作物のそばに植えて、病害虫の発生を抑える。

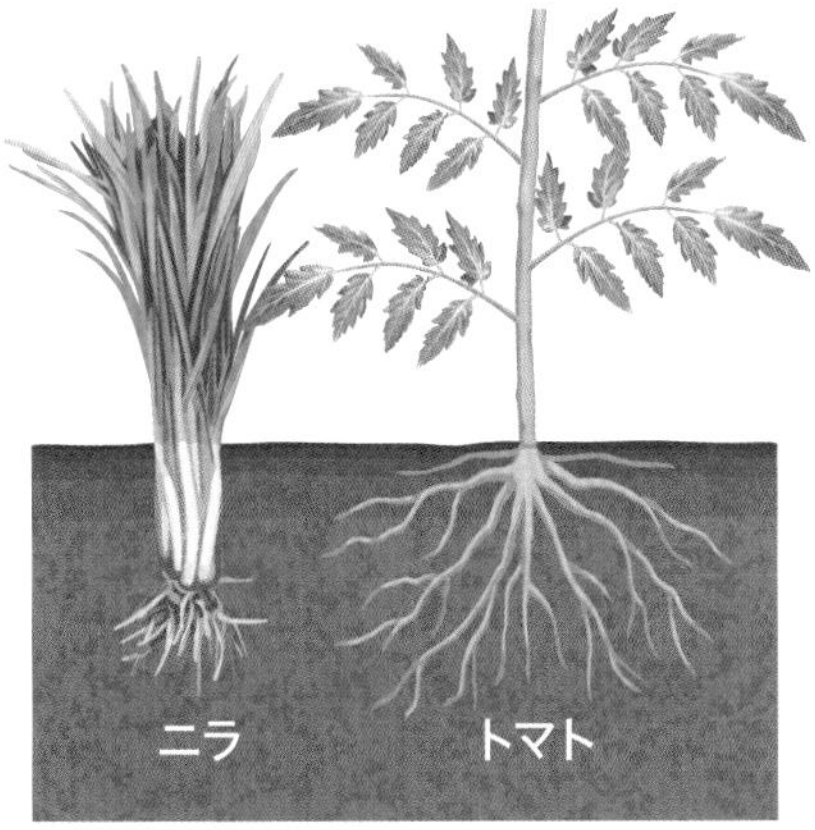

病害虫を防ぐ組み合わせ

主要作物	コンパニオンプランツ	期待できる効果
ホウレンソウ	葉ネギ	害虫忌避、萎《い》ちょう病を防ぐ
キャベツ	レタス	害虫を防ぎ、雑草を抑える
キュウリ	長ネギ	土壌病害を防ぎ、生育を促進する
トマト	ニラ	土壌病害を防ぐ
チンゲンサイ	シュンギク	害虫を防ぎ、雑草を抑える
ブロッコリー	レタス	害虫を防ぎ、産卵を抑制する

木嶋利男著『農薬に頼らない家庭菜園　コンパニオンプランツ』（家の光協会）から

野菜づくりに登場する

主な用語

野菜づくりには、さまざまな用語が登場します。その中から重要でありながら、目次からは見つけにくい用語をピックアップ。簡単に解説し、さらに関連ページを示しました。わからない用語や、詳しく知りたい用語に出合ったときに活用してください。

あ

液体肥料（えきたいひりょう）
肥料成分を水に溶かした液状の肥料。きわめて早く効く。↓p30、p32、p37、p54－55、p68

N・P・K（えぬ・ぴー・けー）
肥料の三大要素である窒素（N）、リン酸（P）、カリ（K）の成分比（重量％）を表す表記。↓p35

か

化学肥料（かがくひりょう）
自然界に存在する無機物を原料に、化学的に合成、もしくは特定の成分だけを取り出した肥料。↓p30－31、p32

化成肥料（かせいひりょう）
肥料の三要素である窒素、リン酸、カリのうち、2つ以上の成分を含み、化学的な加工を加えて粒状やペレット状にした肥料。粒の形や大きさ、粒ごとの成分量が均一なのが特徴。原料の違いによる分類ではないため、有機質肥料が含まれる製品もある。↓p31、p32－33、p34、p37

活着（かっちゃく）
植えつけた植物や、挿し木、接ぎ木をした植物が、その場所で根づいて育つこと。↓p53

苦土石灰（くどせっかい）
酸性に傾いた土を調整するために施用する石灰資材の1つ。↓p26－27

更新剪定（こうしんせんてい）
実つきが悪くなった株や、病虫害などによって生育が衰えた株を切り戻すことで、若返りを図る技術。ナスでよくおこなわれる。↓p59、p67

コンパニオンプランツ
そばでいっしょに育てると、病害虫を抑えたり、生育を助けたりして、お互いによい影響を与え合う植物の組み合わせ。↓p93

さ

作条施肥（さくじょうせひ）
肥料の施し方の1つ。畝の下のほうに、条状に肥料をまとめて施す。溝施肥ともいう。↓p34－35

作土層（さくどそう）
ふだんから耕され、堆肥や肥料などが施用されている土の層。根が楽に張ることができる。→p18-19、p40

条まき（すじまき）
種のまき方の1つ。直線状のまき溝を作り、種を等間隔でまいていく。→p49

整枝（せいし）
摘芯や芽かき、剪定、誘引などによって、株の姿を整えること。→p60、p64-67

全面施肥（ぜんめんせひ）
肥料の施し方の1つ。畝全体に肥料を施す。全面全層施肥ともいう。→p34-35

た

単肥（たんぴ）
肥料の三要素である窒素、リン酸、カリのうち、1つだけを含む肥料。→p31、p34

団粒構造（だんりゅうこうぞう）
土の構造を表す言葉。土の粒子が集まって団粒となり、この団粒が集まってさらに団粒を形成している状態。→p16-17

着果負担（ちゃっかふたん）
着果するときに、株にかかる負担のこと。開花、結実し、さらに果実を肥大させるためには、多くの養分が必要なため、株の生育に影響が出る。果菜類の栽培では、着果負担の軽減がポイントになる。→p11、p32、p62

土のpH（つちのぴーえいち）
土が酸性に傾いているか、アルカリ性に傾いているか、その度合いを示す数値。→p18-19、p24-25、p26-27

天敵（てんてき）
捕食や寄生によって、特定の生きもの（害虫）の命を奪い、繁殖を抑える生物。→p86、p92-93

点まき（てんまき）
種のまき方の1つ。一定の間隔でまき穴を作り、数粒ずつまいていく。→p49

は

肥料の三要素（ひりょうのさんようそ）
植物が生きていくうえで、外部から取り入れなければならない必須要素のうち、とくに重要で、必要量も多い、窒素、リン酸、カリのこと。→p28-29、p31

腐植（ふしょく）
動植物の死骸や堆肥などの有機物が、土壌微生物の働きによって分解されたあとに残った物質。→p16-17、p18-19、p20-21、p25

や・ら

有機質肥料（ゆうきしつひりょう）
動物のふんや米ぬか、油粕、骨粉など、動物性や植物性の有機物を原料にした肥料。米ぬかなど単体の肥料もあれば、複数の有機質肥料を配合した肥料もある。→p30-31、p32-33、p34、p37

緑肥作物（りょくひさくもつ）
畑で栽培し、発酵させずに新鮮なまま、その畑に鋤き込んで肥料として利用する作物のこと。→p89

なぜ？がわかると、よく育つ
畑と野菜づくりのしくみとコツ

2023年2月20日 第１刷発行
2024年5月15日 第２刷発行

監修者　川城英夫
発行者　木下春雄
発行所　一般社団法人　家の光協会
〒162-8448　東京都新宿区市谷船河原町11
電話 03-3266-9029（販売）
03-3266-9028（編集）
振替 00150-1-4724
印刷・製本　図書印刷株式会社

ISBN 978-4-259-56754-5 C0061

監修者
川城英夫（かわしろ・ひでお）
1954年千葉県生まれ。農学博士。1977年東京農業大学農学部卒業。千葉大学大学院園芸学研究科博士課程修了。千葉県農業試験場、同県野菜担当農業専門技術員、千葉県農林総合研究センター育種研究所所長などを経て、JA全農主席技術主管を務める。『いまさら聞けない野菜づくりQ&A300』『野菜づくり　畑の教科書』（いずれも家の光協会）など、著書・監修書多数。

デザイン　中島三徳（エムグラフィックス）
取材・文　有竹　緑
イラスト　笹沼真人、フジマツミキ
写真　川城英夫、家の光写真部、アルスフォト企画（p13はさみ、p54ポリポット・培養土）、高橋稔（p12鍬・レーキ、p13三角ホー）、PIXTA（p12移植ゴテ・p13鎌）、菊池董（p45、p75-76、p81・家の光写真部）、石塚修平（p57支柱の立て方・家の光写真部）、瀧岡健太郎（p69尻腐れ病、p90トマト・ミニトマト）、新井眞一（p88青枯病）、米山伸吾（p88つる割病）、片岡正一郎（p90未成熟とうもろこし・ヤングコーン）、大井田寛（p93天敵）、群馬県農業技術センター（p93ネギ）
校正　かんがり舎

はじめに

野菜を栽培するとき、病気や害虫は避けて通れない悩みの種ですが、家庭菜園では病害虫対策は神経質になりすぎず、気軽に取り組むことも大切です。私はここ20年、市民農園で50種類を超える野菜を育ててきましたが、薬剤をあまり使用しなくても防虫ネットなど資材の利用や栽培の工夫で、多少の被害は受けてもそれなりに収穫を楽しめることを経験してきました。近年は安全・安心を重視して、薬剤を使わずに栽培したいと思う愛好家も増えています。

一方、人の病気と同じく、病害虫対策は予防と対処が基本です。早期発見すれば、対処の手段も複数選べます。本書では有機栽培で使用される薬剤情報を含め、初心者でも実践できる防除法をわかりやすく解説しました。最新情報を網羅し、ベランダ菜園や家庭菜園を楽しむ愛好家、自給用栽培の生産者の皆様にも、幅広くお役に立てていただけると思います。

草間祐輔

本書の使い方

* 豊富な症例写真で植物の病害虫の原因が何かを知り、それを予防するために何をすればいいのか、治すためにはどんな薬剤を使えばよいのかを、わかりやすく紹介しています。
* 近年の安全性、環境への配慮の意識の高まりと農薬を使わない栽培への関心に応えるため、天然成分や食品成分などを使用した自然派薬剤の情報を充実させました。また、より安全性が高いことから注目されている特定防除資材（重曹や食酢）を使った薬剤も紹介しました。
* 被害が著しい場合や、早期のトラブル解決に対応する目的で、農薬取締法に準じ、一般に購入しやすくて使いやすく、効果のある薬剤がすぐにわかります。生産者向けに対応するため、農協（JA）などで入手できる薬剤も掲載しました。
* 植物の栽培環境については、関東地方以西の平野部を基準とし、科名などは分類生物学の成果を取り入れたAPG分類に準拠しています。

症例ページの見方

原因
症例から考えられる原因（病害名、害虫名、生理障害など）と読み方、別名は（　）内に表示しました。

Data
主にその病害虫が発生する時期、発生しやすい部位、原因となる病害虫のタイプを表示しました。

被害・症状
その病害虫や生理障害の特徴のほか、生態や発生する要因を解説しました。

発生しやすい野菜類
同じ病害虫の被害を受けやすい野菜を表示。原因が同じでも、野菜によって適用のある薬剤が異なる場合があります。

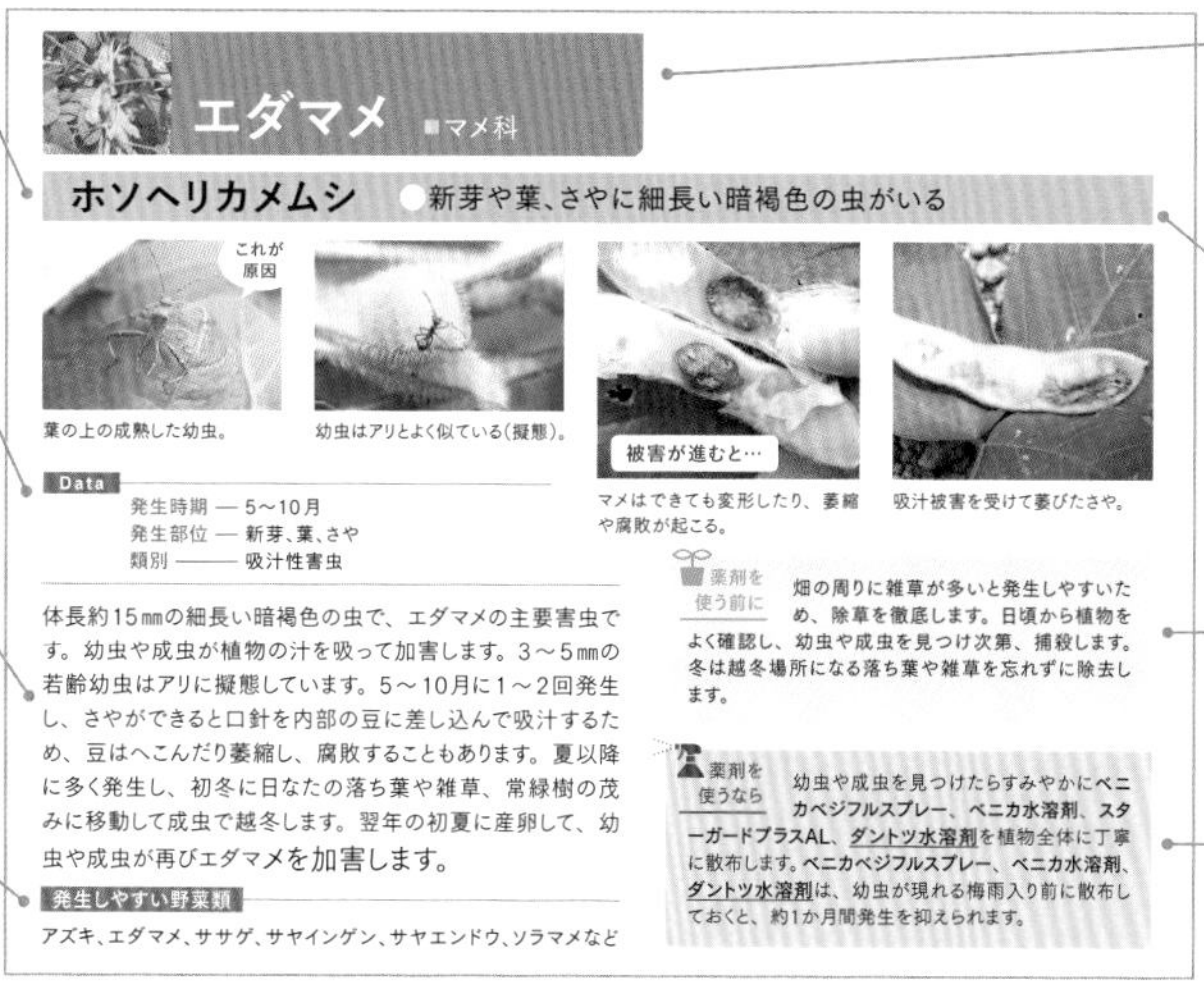
エダマメ ■マメ科

ホソヘリカメムシ ●新芽や葉、さやに細長い暗褐色の虫がいる

これが原因
葉の上の成熟した幼虫。
幼虫はアリとよく似ている（擬態）。
被害が進むと…
マメはできても変形したり、萎縮や腐敗が起こる。
吸汁被害を受けて萎びたさや。

Data
発生時期 ― 5～10月
発生部位 ― 新芽、葉、さや
類別 ――― 吸汁性害虫

体長約15㎜の細長い暗褐色の虫で、エダマメの主要害虫です。幼虫や成虫が植物の汁を吸って加害します。3～5㎜の若齢幼虫はアリに擬態しています。5～10月に1～2回発生し、さやができると口針を内部の豆に差し込んで吸汁するため、豆はへこんだり萎縮し、腐敗することもあります。夏以降に多く発生し、初冬に日なたの落ち葉や雑草、常緑樹の茂みに移動して成虫で越冬します。翌年の初夏に産卵して、幼虫や成虫が再びエダマメを加害します。

発生しやすい野菜類
アズキ、エダマメ、ササゲ、サヤインゲン、サヤエンドウ、ソラマメなど

薬剤を使う前に　畑の周りに雑草が多いと発生しやすいため、除草を徹底します。日頃から植物をよく確認し、幼虫や成虫を見つけ次第、捕殺します。冬は越冬場所になる落ち葉や雑草を忘れずに除去します。

薬剤を使うなら　幼虫や成虫を見つけたらすみやかにベニカベジフルスプレー、ベニカ水溶剤、スターガードプラスAL、ダントツ水溶剤を植物全体に丁寧に散布します。ベニカベジフルスプレー、ベニカ水溶剤、ダントツ水溶剤は、幼虫が現れる梅雨入り前に散布しておくと、約1か月間発生を抑えられます。

野菜名と分類
その野菜の名前と科名を表示しています。

特徴
その病害虫の症状の特徴やポイント。

薬剤を使う前に
資材を利用したり、栽培の工夫で病害虫にかかりにくい丈夫な植物に育てるためのポイントを紹介しました。

薬剤による防除
登録がある薬剤を使って防除するための方法を紹介しました。

薬剤使用の留意点

- 本書に掲載された商品や情報、登録のデータなどは2023年2月20日現在のものです。
- 薬剤の適用については変更されることがあります。最新の登録・失効情報は、農薬登録情報提供システムから検索してください（https:pesticide.maff.go.jp）。
- 薬剤の使用については農薬取締法で厳しく規制されています。必ず商品のラベルや説明書に従い、適正に使用してください。

6章

野菜に使える主な薬剤